KATHARINA BÖTTGER

RENA WIESE

GLUTENFREI BACKEN

INHALT

Vorwort

Wir hatten immer schon die Vision, für die Menschen, die kein Gluten essen können oder möchten, das Leben ein bisschen schöner zu machen.
Mit der Marke **echt jetzt** erfreuen wir seit 2019 Menschen in ganz Deutschland mit den leckersten glutenfreien Broten, Brötchen und anderen tollen Lebensmitteln.

Manchmal muss es aber einfach selbst gebacken sein, oder? Brötchen am Morgen, direkt aus dem eigenen Ofen. Ein saftiger Apfelkuchen zum Nachmittagskaffee. Eine warme Zimtschnecke, deren Zimtduft den ganzen Raum erfüllt. We love!
Deshalb haben wir bereits in unserem ersten Businessplan von einem Backbuch geträumt. Und wir sind super-happy, dass es jetzt tatsächlich so weit ist.

Es war uns wirklich wichtig, Rezepte zu entwickeln, die zu Hause auf jeden Fall gelingen, superlecker sind und auch als vegane Variante funktionieren. Wir wünschen uns, dass dieses Buch vielen Menschen in ihrem Alltag Freude bereitet, weil sie endlich das zu Hause backen können, was sie von früher kennen und vermissen.

Gemeinsam mit dem allerbesten Team, ohne das dieses Buch nicht möglich gewesen wäre, haben wir ein Jahr lang neben unserem Tagesgeschäft Rezepte entwickelt, umgeschrieben, verändert, verworfen, neu aufgesetzt, gebacken sowie getestet und getestet und getestet … bis wir mit den Ergebnissen richtig happy waren: 100 Prozent glutenfrei, 100 Prozent lecker und gelingsicher für zu Hause.

Happy baking!
Katharina & Rena

Von langen Abenden beim Griechen zur Marke für glutenfreie Lebensmittel: Die Entstehung von echt jetzt

Die Geschichte von echt jetzt beginnt - wie sollte es anders sein - beim Essen. Die beiden Gründerinnen Katharina Böttger und Rena Wiese lernten sich 2017 kennen und entdeckten ihre gemeinsame Leidenschaft für gutes Essen. Bei Katharina war ein Jahr zuvor eine ausgeprägte Glutenintoleranz festgestellt worden. Das führte dazu, dass sie nach den vielen gemeinsamen Restaurantbesuchen hungrig nach Hause gehen musste, da es so gut wie nie glutenfreie Alternativen gab.

Die beiden Frauen begannen den Markt zu analysieren und stellten fest, dass es in Deutschland kaum Angebote für frische, hochwertige, glutenfreie Brote und Backwaren gab.

Die zwei Akademikerinnen waren bis zu diesem Zeitpunkt in leitenden Positionen in der Wirtschaft tätig – weit weg vom Bäckerhandwerk.

Wie kann man ein Unternehmen für Lebensmittel aufbauen, wenn die eigenen Kompetenzen und Erfahrungen in einem anderen Bereich liegen? Die Antwort: mit großen Visionen, viel Mut, ein bisschen Craziness – und dem richtigen Netzwerk.

»Das haben wir vom ersten bis zum heutigen Tag so gelebt«, erzählt Rena. »Wir waren uns unserer fachlichen Stärken und eben auch Grenzen immer bewusst. Dafür holen wir dann andere Profis ins Team.«

Im Jahr 2017 war es ein Bäckergeselle auf der Walz, der auf seiner Reise an München vorbeikam und das entscheidende Teammitglied auf dem Weg zur Unternehmensgründung werden sollte.

Katharina erinnert sich: »Wir wussten zwar nicht, wie das geht: glutenfreie Brote backen. Wie die Brote aber aussehen und schmecken sollen, welche Zutaten sie enthalten und vor allem nicht enthalten sollen, wussten wir ganz genau.«

Der Haken an der Sache: Grundsätzlich gibt es bis heute erstaunlich wenig Expertise und Know-how für glutenfreies Backen im professionellen Bereich, sodass das Team sich das Wissen im Lauf der Jahre selbst erarbeiten musste.

Mit den Vorgaben von Katharina und Rena machte sich Falk an die Arbeit und testete die ersten Teige. In Katharinas Wohnung stapelten sich die Gläschen mit verschiedenen Sauerteigkulturen auf der Heizung, während Rena versuchte, Mehlsorten aufzutreiben, von denen sie bis dahin noch nie gehört hatte.

Nach über einem Jahr und unzähligen Tests fiel die Entscheidung zur Unternehmensgründung und der Startschuss für die Vorbereitungen: Unternehmen anmelden, Immobilie umbauen, Team zusammenstellen, Lieferanten finden, Marke kreieren, Website launchen. Im September 2019 war es dann so weit: echt jetzt startete.

Katharina ergänzt: »Wir wussten zu dem Zeitpunkt ja überhaupt nicht, wie der Markt reagieren wird. Daher war für uns von Anfang an klar, dass wir mit einem eigenen Laden starten werden, um direktes Kundenfeedback zu sammeln. Das Ganze mit einer offenen Backstube, in der die Kund:innen den Bäcker:innen und Konditor:innen bei der Arbeit zusehen können. Transparenz ist ein wichtiger Wert für uns.«

Wenige Wochen später folgte der Onlineshop, um deutschlandweit Kund:innen zu erreichen und ihnen mit frischen, glutenfreien Broten Lebensqualität zurückzubringen. Bereits nach wenigen Monaten fragten auch die ersten Supermärkte an, sodass das Unternehmen schnell an Bekanntheit gewann.
Rena erinnert sich: »Man gründet kein Unternehmen, wenn man nicht an die Idee und den Markt glaubt. Was uns aber in den ersten Monaten an Resonanz und positivem Feedback erreichte, übertraf unsere Erwartungen bei Weitem«, erzählen beide gerührt. »Menschen, die mit Freudentränen in den Augen im Laden standen, weil sie einfach alles aus der Auslage essen dürfen. Zeitungsberichte, Magazine und auch das Fernsehen fragten schon nach kurzer Zeit an.«
Seitdem ist viel passiert. Viele neue Produkte sind entstanden, und vor allem sind viele glückliche Kunden:innen hinzugekommen. Tatsächlich so viele, dass die Produktionsmengen nicht mehr in den Räumlichkeiten in der Münchner Innenstadt bewältigt werden konnten. 2023 folgte daher der Umzug in eine Produktionshalle mit angeschlossener Logistik und Verwaltung.
Und das Team kann sich jetzt voll und ganz auf das konzentrieren, was es am allerbesten kann: Die leckersten glutenfreien Brote, Brötchen, Brezen, Müslis und vieles mehr zu produzieren und neue Produkte zu entwickeln.

Denn eine Sache hat sich seit dem ersten Tag nicht geändert: Die häufigsten Fragen im Kund:innengespräch: »Das ist alles 100-prozentig glutenfrei?! Ich darf das wirklich alles essen?! Echt jetzt?!«
Und die Antwort bleibt auch dieselbe: echt jetzt! Womit auch die häufige Frage nach dem Ursprung des Namens geklärt wäre.

Seit September 2019 produzieren wir in München unter der Marke echt jetzt glutenfreie Produkte für Kund:innen in ganz Deutschland.

Let's talk about gluten free

Glutenfreie Ernährung

Seit der Gründung der good foods & beyond GmbH und unserer Marke echt jetzt haben wir viele Menschen getroffen, die sich aus ganz unterschiedlichen Gründen glutenfrei ernähren. Einige haben Zöliakie, andere haben aus Solidarität mit Familienmitgliedern oder betroffenen Personen im Haushalt ihre Ernährung umgestellt. Wieder andere haben festgestellt, dass eine glutenfreie Ernährung ihre Gesundheit, ihr Wohlbefinden und ihren Energielevel verbessert sowie Autoimmunerkrankungen oder Unverträglichkeiten lindert.

Aus eigener Erfahrung und aufgrund vieler Gespräche mit Betroffenen möchten wir Verständnis für alle schaffen, die ihre Ernährung umgestellt haben. Häufig ist die Ursache für körperliche Beschwerden mit einer langen Suche verbunden, weshalb es für uns nicht wichtig ist, aus welchen Gründen sich jemand glutenfrei ernährt. Vielmehr hoffen wir, dass wir mit unseren Produkten und nun auch diesem Buch Genuss, Freude und Leichtigkeit in den Alltag zurückbringen können.

Zöliakie

Zöliakie ist eine chronische Erkrankung, die verschiedene Symptome haben kann und in unterschiedlichen Lebensphasen auftritt, jedoch frühestens mit der ersten Aufnahme von glutenhaltiger Nahrung. Zöliakie ist keine Allergie gegen Gluten oder Weizen und auch keine Unverträglichkeit. Es handelt sich um eine lebenslange Autoimmunreaktion auf Gluten bzw. Gliadin, das in Getreidearten wie Weizen, Dinkel, Roggen und Gerste enthalten ist. Bereits kleinste Mengen Gluten führen bei Betroffenen zu chronischen Entzündungen im Dünndarm, wodurch sich die Dünndarmschleimhaut verändert und die Darmzotten zurückbilden. Diese sind für die Aufnahme von Nährstoffen aus der Nahrung verantwortlich. Häufig wird die Krankheit durch Nährstoffdefizite im Körper entdeckt.

Glutenunverträglichkeit

Obwohl sich die Symptome bei Glutenunverträglichkeit oder -sensibilität ähnlich wie bei Zöliakie äußern können, sind die Auswirkungen beim Verzehr minimaler Mengen weniger ausgeprägt. Glutenintoleranz oder -sensibilität zeigt sich durch Bauchschmerzen, Völlegefühl, Blähungen, Müdigkeit und Krämpfe. Auch Hautveränderungen können darauf hinweisen. Der Vorteil bei Glutenunverträglichkeit oder -sensibilität besteht darin, dass der Körper sich durch eine glutenarme oder -freie Ernährung regenerieren kann, sodass geringe Mengen Gluten wieder vertragen werden können.

Diagnose erhalten. Was nun?

Die Umstellung auf eine glutenfreie Ernährung stellt nach einer Diagnose eine große Herausforderung dar – sowohl für Betroffene als auch für deren Haushalte. Glücklicherweise gibt es inzwischen viele tolle glutenfreie Produkte und Alternativen, die das Leben erleichtern. Abhängig vom Grad der Unverträglichkeit (Glutensensibilität oder Zöliakie) ist eine vollständige Umstellung erforderlich, was oft bedeutet: zwei Toaster, zwei Kühlschränke, zwei Brotkästen und zwei Kochlöffel, um Kontamination in jedem Fall zu vermeiden. Schon die Verwendung desselben Kochlöffels oder Schneidebretts kann Symptome auslösen und die Darmzotten schädigen.

Alltag ohne Gluten: Tipps & Erfahrungen

Wie fängst du am besten mit einer glutenfreien Ernährung an?

Zu Anfang ist es besonders wichtig, sich eine umfassende Übersicht zu erstellen, sowohl von Produkten, die in ihrer Beschaffenheit glutenfrei sind, als auch von denjenigen Lebensmitteln, die Gluten enthalten.
Um eine Verwechslung im Haushalt zu umgehen, hilft es, einen besonderen Platz für alle glutenfreien Produkte einzurichten oder sogar alle glutenhaltigen Lebensmittel auszusortieren.
Auch die Kennzeichnung von Küchenutensilien (insbesondere von schwer zu reinigenden Geräten und Gegenständen aus Holz) schafft Sicherheit im Zusammenleben, um eine Kontamination zu verhindern. Um wirklich auch alle Spuren in einer Gemeinschaftsküche zu beseitigen, ist es sehr wichtig, dass Arbeitsflächen, Backöfen, Kühlschränke und andere Küchengeräte gründlich gereinigt werden. Lieber einmal mehr!

Worauf solltest du beim Einkaufen achten?
Für ein sicheres Gefühl beim Zubereiten und Essen achte beim Einkauf auf eine eindeutige Kennzeichnung der glutenfreien Produkte. Das kann entweder der Hinweis »glutenfrei« oder das Symbol einer durchgestrichenen Ähre sein. Grundsätzlich sind alle Allergene in der Zutatenliste der Produkte fett gedruckt. Am Anfang hilft es, doppelt und dreifach zu checken, ob Gluten in bestimmten Inhaltsstoffen versteckt ist, bei denen man es erst einmal nicht erwartet, wie z. B. in Sojasauce, Hafermilch, etc., manchmal auch nur als Spuren.

Um Kontaminationen außerhalb deiner Wohnung (z. B. im Büro) zu vermeiden, hilft es, wenn du deine eigenen, gekennzeichneten Schneideutensilien oder wie hier einen Brotbeutel mitbringst und deine Mitmenschen aufklärst.

Glutenfrei unterwegs

»Vorbereitung ist alles« trifft es wohl ziemlich gut.
Viele Betroffene meiden Restaurants oder einen Aufenthalt in Hotels, aus Furcht vor unerwünschten Kontaminationen und aus Vorsicht vor einem erneuten Ausbruch der Krankheit.
Dabei hilft es, vorab Kontakt mit dem Res-

taurant oder Hotel aufzunehmen und genau zu erläutern, wie wichtig eine separate Zubereitung ist, und zu klären, ob die Möglichkeit besteht, dies umzusetzen. Nach unserer Erfahrung empfehlen viele Restaurants und Hotels sogar von sich aus, eigene Produkte mitzubringen, damit sie diese dann in getrennten Küchengeräten zubereiten können.

Die wichtigste Grundregel auf Reisen: nie ohne Brot und Pasta im Gepäck. Gerade wenn du an einen neuen Ort reist und nicht sicher bist, ob du dort glutenfreie Speisen bekommst, bist du mit einem eigenen Proviant auf der sicheren Seite. Und Urlaub ohne Essen und Genuss, das ist ja fast kein richtiger Urlaub.

Teresa hat 2022 die Diagnose Zöliakie erhalten. Sie ist Teil unseres Produktionsteams und hat viele der Rezepte in diesem Buch maßgeblich mitgestaltet.

Leben mit Zöliakie: ein Interview

Teresa ist eine talentierte Konditorin und liebt ihren Job aus tiefstem Herzen. 2018 hat sie ihre Ausbildung abgeschlossen und war danach immer in klassischen Bäckereien beschäftigt. Deswegen war für sie die Zöliakie-Diagnose eine ganz besondere Herausforderung.

Wir haben mit Teresa über ihren Alltag gesprochen. Sie teilt hier persönliche Tipps, die ihr das Leben erleichtern.

Was sind deine größten Herausforderungen im Leben mit Zöliakie?
Meine Wohnung ist mittlerweile zu 100 Prozent glutenfrei, sodass ich jederzeit sorgenfrei sein kann. Bei meiner Familie und bei Freund:innen, die in einem Mischhaushalt leben, sind die Herausforderungen größer. Ich achte dann gezielt darauf, dass ich eigene Lebensmittel mitbringe oder dort vor Ort habe.

Worauf musst du am meisten achten?
Ich checke immer, immer, immer die Zutatenlisten beim Einkaufen. Auch wenn ich ein Produkt schon häufiger gekauft habe, kontrolliere ich lieber doppelt. Wenn ich in einem Restaurant einen Tisch reserviere, schreibe ich bei der Reservierung grundsätzlich dazu, dass ich Zöliakie habe.

Was ist die größte Hilfe und Unterstützung im Alltag?
Wenn Freund:innen und Familie glutenfrei für mich backen oder daran denken, z. B. bei einem Geburtstagsfest extra glutenfreies Brot oder glutenfreie Alternativen zu besorgen. Das macht mich immer sehr glücklich.

Was nimmst du mit, wenn du auf Reisen gehst?
Ich habe immer glutenfreie Riegel und Schokoriegel dabei, außerdem meistens Müsli und glutenfreie Haferflocken. Backmischung für Pizzateig ist auch immer eine gute Idee.

Gibt es etwas, das dir fehlt?
Es ist kein bestimmtes Produkt, das mir als glutenfreie Variante in meinem Leben fehlt, sondern es ist vielmehr die Freiheit und die Spontanität in vielen Alltagssituationen, die mir die Zöliakie nimmt. Wie schön wäre es, wenn ich mir einfach an einem kleinen Essensstand etwas zu essen holen könnte, ohne darüber nachzudenken. Nur weil es super lecker riecht und aussieht und ich in dem Moment einfach Bock habe, das zu probieren. Spontane Ausflüge und Trips machen zu können, ohne vorher zu planen, wo ich etwas essen darf und kann.

Hast du noch ein paar letzte Geheimtipps?
Mit der Diagnose Zöliakie kann man sich bei zuständigen Versorgungsamt anmelden, um einen Behindertenausweis zu bekommen. Dadurch erhält man den Behindertengrad 20, der vor allem steuerliche Vorteile hat. Dir steht dadurch ein jährlicher Pauschalbetrag als finanzieller Ausgleich zu den Mehrkosten zu. Ach ja, wenn man gerne auf Festivals oder andere Tagesveranstaltungen geht, kann man sich vom Arzt ein Attest geben lassen und ist somit berechtigt, eigene Lebensmittel mitzubringen.

Gesunde Ernährung im Allgemeinen

Gesunde Ernährung ist ein häufig diskutiertes Thema mit vielen unterschiedlichen Ansichten. Letztendlich kommt es jedoch darauf an, wie man sich persönlich mit seiner Ernährung fühlt. Das eigene Wohlbefinden, das individuelle Körpergefühl und das Bewusstsein für den eigenen Körper stehen im Mittelpunkt. Trotzdem können kleine Veränderungen in der Ernährung zu einer gesünderen und fitteren Lebensweise beitragen.

Die Zutatenliste eines Produkts verrät bereits viel über dessen Nährwert und Einfluss auf den Körper und darüber, wie gesund oder ungesund ein Produkt für den Körper ist. Je »cleaner« ein Produkt hergestellt ist, desto besser ist es für die Gesundheit. Schon ein Verzicht auf Fertiggerichte oder stark verarbeitete Lebensmittel trägt maßgeblich zu einer gesünderen Ernährung bei.

Intuitives Essverhalten und eine gute Balance zwischen gesunden Lebensmitteln und Genussspeisen sind daher wichtige Faktoren für eine bewusste, gesunde und ausgewogene Ernährung. Eine ausgewogene Ernährung wiederum fördert eine gesunde Lebensweise und führt zu größerem Wohlbefinden und mehr Lebensfreude.

Vor allem ein ausgeglichener Blutzuckerspiegel im Tagesverlauf hilft bei intuitiven Essgewohnheiten, verhindert Heißhungerattacken, trägt dazu bei, Stimmungsschwankungen auszubalancieren, und sorgt außerdem für ein strahlendes Aussehen und eine tolle Haut. Alles bei gleichzeitig viel mehr Energie im Körper.

5 schnelle Hacks für einen stabilen Blutzuckerspiegel

1. Die richtige Reihenfolge beim Essen ist entscheidend und sorgt auch dafür, dass der Blutzuckerspiegel sich nur langsam erhöht. Beginne eine Mahlzeit mit Gemüse oder Proteinen, um einen schnellen Blutzuckeranstieg zu vermeiden. Kohlenhydrate sollten am besten zum Schluss verzehrt werden.

2. Grundsätzlich gilt: Der Verzehr von Kohlenhydraten in Kombination mit gesunden Fetten sorgt für einen langsameren Anstieg des Blutzuckers und ist entsprechend gesünder. Das gilt auch für einen Snack zwischendurch in Form eines Stücks Obst. Besser für den Blutzuckerspiegel: Apfelschnitze mit Mandelmus.

3. Für einen ausbalancierten Blutzuckerspiegel hilft es, Süßes, ein Dessert oder Obst immer erst nach einer Portion Gemüse oder Protein zu verzehren.

4. Beginne den Tag mit einer herzhaften Mahlzeit. So kann sich der Blutzuckerspiegel langsam erhöhen, und Heißhungerattacken über den Tagesverlauf bleiben aus.

5. Apfelessig wirkt Wunder. Ein Esslöffel Apfelessig, gemischt mit einem Glas Wasser vor jeder Mahlzeit, verhindert Blutzuckerspitzen. Außerdem wirkt Apfelessig alkalisierend und hilft bei Verdauungsbeschwerden. Das ist am Anfang nicht besonders lecker, aber heißes Wasser am Morgen mit Apfelessig und Zitrone und ein bisschen Zimt oder gar Chili wirkt Wunder.

Fermentwasser statt Hefe

Viele Zöliakie-Betroffene haben neben ihrer Glutenunverträglichkeit auch eine Hefe-Unverträglichkeit und generell reagieren mehr und mehr Menschen auf industriell hergestellte Hefe. Fermentwasser oder auch Hefewasser genannt, ist eine natürliche und sehr bekömmliche Alternative. Zwar besteht bei der Herstellung die Herausforderung einer gleichbleibenden Wirkung und eines gleichbleibenden Triebs, doch einmal erfolgreich kultiviert, verleiht es den Produkten einen besonderen Geschmack und sorgt für eine Lockerung der Krume.
Viele Menschen, die sensibel auf industriell gefertigte Hefe reagieren, vertragen selbst angesetztes Fermentwasser deutlich besser.

Fermentwasser entsteht durch Einweichen von Trockenobst (z. B. Rosinen oder Datteln) in Wasser für mehrere Tage. Die natürlichen Hefen, die auf der Oberfläche der Früchte und in der Umgebung vorhanden sind, beginnen, den Zucker in den Früchten zu fermentieren, was zu Kohlendioxid und anderen Verbindungen führt.

Das daraus entstandene Fermentwasser kann dann als natürliches Treibmittel beim Backen verwendet werden. Das während der Fermentation entstandene Kohlendioxid sorgt für eine Lockerung des Teigs und hilft, das Gebäck aufgehen zu lassen.

Fermentwasser herstellen:
- 800 g ca. 35 °C heißes Wasser
- 200 g Rosinen
- 30 g Traubenzucker
- Zubehör: Plastikgefäß mit Deckel

Herstellung:
Alle Zutaten in einem sauberen Plastikgefäß mischen und mit einem Deckel verschließen. Für ca. 4 Tage an einem warmen Ort aufbewahren.
Mindestens einmal täglich den Deckel öffnen, um den Druck abzulassen, und alles mit einem großen Löffel verrühren.
Fertiges Fermentwasser erkennt man an an der Oberfläche treibenden Rosinen, einem gärigen Geruch und sprudelnder Bläschenbildung.

Lagerung:
Das Fermentwasser verschlossen im Kühlschrank aufbewahren.
Vor dem Einlagern nochmals auf 1 l Fermentwasser etwa 5 g Traubenzucker als Hefenahrung einmischen.
Das Fermentwasser kann 2–3 Monate im Kühlschrank gelagert werden.
Gelegentlich den Druck überprüfen und eventuell etwas Traubenzucker nachgeben.

Umrechnungsformel:
Hefe kann mit Fermentwasser ersetzt werden, um dieselbe Triebkraft zu erhalten:

5 g Hefe = 100 g Fermentwasser

Hinweise:
Die erhöhte Menge an Flüssigkeit beim Einsatz von Fermentwasser kann den Teig verändern. Gegebenenfalls die Gesamtwassermenge entsprechend anpassen. Zudem kann der Süße des Trockenobsts durch etwas mehr Salz entgegengewirkt werden.

Zu Hause glutenfrei backen: Tipps & Tricks

Allgemein

- Gramm-Angaben immer ganz genau nehmen. Insbesondere bei Bindemitteln wie z. B. Flohsamenschalen oder Guarkernmehl.

- Lauwarmes Wasser sollte eine Temperatur von ca. 30 °C haben.

- Jeder Backofen backt anders. Backzeiten nach Bedarf variieren und Stäbchenprobe machen: Holzstäbchen bis in die Mitte des Produkts stecken und langsam herausziehen. Wenn noch feuchter Teig am Stäbchen kleben bleibt, benötigt das Produkt noch mehr Backzeit.

- Beim Vorheizen das Blech mitheizen für einen knusprigen Boden.

- Wasserdampf, sogenannte Schwaden, während des Backens sorgt für Saftigkeit und eine schöne Kruste. Wasserglas auf den Backofenboden stellen, nach 5 Minuten Holzlöffel in die Ofentür klemmen, um den Dampf entweichen zu lassen.

Zutaten

- Der größte Unterschied zum herkömmlichen Backen ist der Zusatz von Bindemitteln, die die Wirkung des Klebereiweißes nachahmen und ausschlaggebend sind für Bindung und Konsistenz. Flohsamenschalen, Guarkernmehl und Leinsamen eignen sich besonders gut dafür. Um Klümpchen zu vermeiden, trockene Zutaten zuerst ordentlich vermischen, dann Bindemittel schnell unterrühren. Flüssigkeit immer zuerst hinzufügen, bevor Fette beigemischt werden.

- Welche Pflanzenmilch beim Backen verwendet wird, hat wenig bis sehr wenig Auswirkung auf das Backergebnis. Die meisten unserer Rezepte wurden mit Mandelmilch getestet.

- Es ist ratsam, die verschiedenen glutenfreien Mehle und ihre Eigenschaften gut zu kennen, um den Teig richtig zu verarbeiten. Jedes glutenfreie Mehl verhält sich anders hinsichtlich Geschmack, Bindung, Aufnahme von Flüssigkeit etc.

- Helles Reismehl kann durch Vollkornreismehl ersetzt werden für höhere Nährwerte.

- Röstmehl bringt gutes Aroma und goldene Farbe. Dazu Reismehl oder Reisvollkornmehl auf einem Backblech verteilen und bei 180 °C (Ober-/Unterhitze) 15–20 Minuten goldbraun rösten.

- Hefe kann durch Hefewasser ersetzt werden: 5 g Hefe = 100 g Hefewasser

Verarbeitung der Teige

- Teigverarbeitung: so wenig wie möglich, so lange wie nötig kneten, rühren und verarbeiten. Eine Küchenmaschine mit Knethaken erleichtert die Herstellung eines gleichmäßigen Teiges. Fertig gemischt, sofort verarbeiten, solange der Teig geschmeidig ist.

- Hefe: Vorab in Flüssigkeit auflösen für eine gleichmäßige Verteilung im Gebäck.

- Ruhezeit: Warmen Ort wählen (nahe Heizung oder Backofen auf 40 °C Umluft). Zugluft und offene Fenster vermeiden, um Hautbildung zu verhindern.

- Abdecken: Schüssel oder Teig mit feuchtem Tuch abdecken, um Austrocknen zu verhindern.

- Gehzeit: Wenn sich der Teig fluffig und die Oberfläche weich anfühlt, hat er die perfekte Gehzeit und kann gebacken werden.

- Arbeitsfläche: Vor dem Ausrollen mit Mehl (z. B. Reismehl) bestäuben. Auch Nudelholz und Utensilien leicht bemehlen. Nicht zu viel Mehl verwenden, um die Konsistenz nicht zu beeinträchtigen.

- Backform: Vor dem Einlegen leicht bemehlen, um Ankleben zu vermeiden.

- Einschneiden: Brote maximal 1 cm tief einschneiden, da glutenfreie Teige weniger Spannkraft haben.

- Kruste: Brote vor dem Backen für 5–10 Minuten an der Luft verhauten lassen für eine dickere Kruste.

- Auskühlen: Brote vor dem Anschneiden auskühlen lassen.

- Lagerung: In einem Brotkasten oder in einer alten Bäckertüte aufbewahren.

Noch einfacher: Fertige Mehlmischungen gibt es in unserem Onlineshop unter echtjetzt-echtjetzt.de.

Vegan backen mit Ersatzprodukten

Glutenfreie Brote und glutenfreies Gebäck vegan zu backen, ist eine zusätzliche Herausforderung. Mit etwas Know-how und Erfahrung lassen sich jedoch bestimmte Lebensmittel leicht ersetzen. So dienen in traditionellen Backrezepten oft Eier als Bindemittel und zur Lockerung von Gebäck und Kuchen, wofür auch rein pflanzliche Zutaten verwendet werden können.

Ei-Ersatz als Bindemittel

- **Leinsamen-Eier:**
  1 Esslöffel Leinsamen/Leinsamenschrot/Leinsamenmehl + 2 Esslöffel heißes Wasser verrühren und ca. 20 Minuten quellen lassen.

Tipp: Je feiner die Leinsamen gemahlen werden, desto weniger sichtbar sind sie in Kuchen oder Gebäck.

- **Chiasamen-Eier**
  1 Esslöffel Chiasamen mahlen, mit 3 Esslöffel Wasser verrühren und ca. 15 Minuten quellen lassen.

- **Sojamehl/Kichererbsenmehl**
  1 Esslöffel Sojamehl oder Kichererbsenmehl mit 2 Esslöffel Wasserverrühren und ca. 5 Minuten stehen lassen.

- **Apfelmark**
  Apfelmark ist eine besonders einfache Alternative zu Eiern, da es nicht angerührt, gequollen oder aufgeschlagen werden muss.

- **Zerquetschte Banane**
  Mit dieser Variante wird eine gute Bindung und auch Lockerung erreicht. Am besten funktioniert das, wenn die Banane schon ein bisschen reifer ist.

Ei-Ersatz für Saftigkeit und Lockerung

- **Aquafaba**
  Selbst gemachtes funktioniert besser als fertig gekauftes: Dazu einfach Kichererbsen-Wasser abgießen und mit einem Rührgerät schaumig schlagen, gegebenenfalls etwas Backpulver, Natron oder Zitronensaft hinzufügen.

- **Apfelessig**
  2 Esslöffel Apfelessig können ein Ei ersetzen.

- **Pflanzlicher Quark**
  1–2 Esslöffel Quark (am besten auf Sojabasis) entsprechen etwa einem Ei.

- **Sojamilch**
  Sojaprodukte funktionieren besonders gut, da sie ähnlich viel Lecithin enthalten wie Eier.

- **Vegane Buttermilch**
  Zitrone oder Apfelessig in Pflanzenmilch (am besten auf Sojabasis) verrühren und 15 Minuten lang gerinnen lassen.

- **Backpulver/Natron**
  Wie bei klassischen Backrezepten sorgen Backpulver und Natron für viel Luftigkeit und Lockerung beim Backen.

- **Kohlensäure**
  Die kleinen Luftbläschen funktionieren als Lockerungszusatz sowohl bei klassischen als auch bei veganen Speisen.

BROTE
BRÖTCHEN

KAROTTENBROT

140 g	Reismehl
40 g	Reisvollkornmehl
40 g	Kartoffelstärke
120 g	Buchweizenmehl
8 g	Guarkernmehl
8 g	Backpulver
40 g	Kürbiskerne
70 g	Sonnenblumenkerne
40 g	glutenfreie Haferflocken
25 g	Flohsamenschalen, gemahlen
17 g	Salz
16 g	Apfelessig
13 g	Reissirup
16 g	frische Hefe
200 g	Karotten, geschält und geraspelt

Saatenmischung für Dekoration (nach Geschmack): Kürbiskerne, Sonnenblumenkerne, Haferflocken

Zubehör: Kastenform (25 cm)

Zubereitungszeit: ca. 20 Minuten
Ruhezeit: 30 Minuten
Backzeit: 40–45 Minuten

Die drei Mehle und die Kartoffelstärke in einer großen Schüssel mit einem Schneebesen gut miteinander vermengen und durch ein feines Sieb sieben. Die restlichen trockenen Zutaten hinzugeben und nochmals gut vermengen.

In einer separaten Schüssel 400 ml lauwarmes Wasser, Apfelessig und Reissirup miteinander verrühren und die Hefe darin auflösen.

Die flüssige Hefemischung sowie Karotten zur Mehlmischung geben und von Hand oder mit der Küchenmaschine zu einem glatten Teig verarbeiten. Aus dem Teig einen länglichen Laib rollen.

Brotlaib mit etwas Wasser benetzen. Mit der Oberseite in die Saatenmischung drücken.

Den Teig in eine gefettete oder mit Backpapier ausgelegte Kastenform füllen und mit einem Tuch abgedeckt für mindestens 30 Minuten an einem warmen Ort ruhen lassen.

Backofen mit einem leeren Blech auf unterster Schiene auf 230 °C (Ober-/Unterhitze) vorheizen.

Kastenform auf einem Gitter in das untere Drittel des Backofens stellen und ein Glas Wasser in das vorgeheizte Blech gießen.

Nach 10 Minuten die Backofentür einen Spalt öffnen und einen Holzlöffel dazwischenklemmen.

Nach weiteren 15 Minuten die Temperatur auf 240 °C erhöhen und nochmals für 15–20 Minuten backen.

KORN AN KORN

Power-Brot aus Samen und Saaten

300 g	glutenfreie Haferflocken
200 g	Sonnenblumenkerne
100 g	Leinsamenschrot
40 g	Sesam
20 g	Chiasamen
40 g	Flohsamenschalen, gemahlen
18 g	Salz

Zubehör: Kastenform (25 cm)

Zubereitungszeit: ca. 15 Minuten
Backzeit: 120 Minuten

Backofen mit einem leeren Blech auf unterster Schiene auf 180 °C (Ober-/Unterhitze) vorheizen.

Zutaten in einer großen Schüssel mit einem Schneebesen gründlich miteinander vermengen.

600 ml warmes Wasser hinzugeben und die Masse mit den Händen zügig zu einem Teig verarbeiten, bis alles gut miteinander verbunden ist. Nicht überkneten!

Teig in eine gefettete oder mit Backpapier ausgelegte Kastenform geben und glatt streichen.

Kastenform auf einem Gitter in das untere Drittel des Backofens stellen und ein Glas Wasser in das vorgeheizte Blech gießen.

2 Stunden backen.

SAATENBROT

- 100 g Reismehl
- 100 g Buchweizenmehl
- 5 g Guarkernmehl
- 40 g Kartoffelstärke
- 16 g Flohsamenschalen, gemahlen
- 40 g Kürbiskerne
- 100 g Sonnenblumenkerne
- 10 g Leinsamen, ganz
- 10 g Salz
- 4 g Apfelessig
- 10 g Reissirup (alternativ: Honig)
- 6 g frische Hefe

Saatenmischung nach Geschmack, z. B. Kürbiskerne, Sonnenblumenkerne, Leinsamen zur Dekoration

Zubereitungszeit: ca. 20 Minuten
Ruhezeit: 60 Minuten
Backzeit: 45 Minuten

Die Mehle sowie die Kartoffelstärke und die Flohsamenschalen in einer großen Schüssel mit einem Schneebesen gründlich miteinander vermengen.

Kürbiskerne, Sonnenblumenkerne, Leinsamen und Salz in einer separaten Schüssel vermengen und zu der Mehlmischung dazugeben.

In einer weiteren Schüssel 300 ml lauwarmes Wasser sowie Apfelessig und Reissirup miteinander verrühren. Die Hefe darin auflösen.

Trockene und flüssige Zutaten in einer Küchenmaschine oder mit den Händen vermengen und zu einem glatten Teig verarbeiten.

Zu einem länglichen Laib formen, die Oberfläche mit Wasser benetzen und in die Saatenmischung drücken.

Mit einem Tuch abgedeckt an einem warmen Ort für mindestens 60 Minuten gehen lassen.

Backofen mit einem leeren Blech auf unterster und einem weiteren Blech auf mittlerer Schiene auf 230 °C (Ober-/Unterhitze) vorheizen.

Brot in den vorgeheizten Backofen auf das obere Blech legen und ein Glas Wasser in das untere Blech gießen.

Ofentür sofort schließen und 10 Minuten backen.

Danach Temperatur auf 190 °C reduzieren und weitere 35 Minuten backen.

BAGUETTE

Für 1 Baguette à 30 cm

- 80 g Reismehl + etwas mehr Mehl zum Bestäuben
- 20 g Buchweizenmehl
- 2 g Leinsamenmehl
- 3 g Braunhirsemehl
- 4 g Guarkernmehl
- 60 g Kartoffelstärke
- 4 g Flohsamenschalen, gemahlen
- 2 g Salz
- 3 g frische Hefe
- 2 g Zuckerrübensirup
- 10 g Olivenöl

Zubereitungszeit: ca. 20 Minuten
Ruhezeit: 1,5 Stunden
Backzeit: 25 Minuten

Variationen
Rosmarin-Baguette:
8 g frischer, gehackter Rosmarin
Chili-Baguette:
4 g gehackte, entkernte Chilischoten
Oliven-Baguette:
80 g klein gehackte Oliven
Walnuss-Baguette: 30 g grob gehackte Walnüsse
Getrocknete-Tomaten-Baguette:
90 g getrocknete und grob gehackte Tomaten

Tipp: Falls der Teig durch die Zutaten der Variationen zu weich wird, etwas Reismehl hinzufügen.

Die Mehle, die Kartoffelstärke, Flohsamenschalen und Salz mit einem Schneebesen vermengen und anschließend durch ein feines Sieb sieben.

Hefe in 175 ml lauwarmem Wasser auflösen. Zuckerrübensirup und die Mehlmischung hinzugeben und die Masse zügig von Hand oder mit der Küchenmaschine verrühren.

Olivenöl unterrühren und die Masse zu einem glatten Teig verarbeiten, anschließend 20 Minuten abgedeckt an einem warmen Ort ruhen lassen. Danach den Teig noch einmal kurz durchkneten und zu einem länglichen Baguette rollen.

Mit einem feuchten Tuch abdecken und an einem warmen Ort ruhen lassen, bis sich das Volumen etwa um das Eineinhalbfache vergrößert hat. Das dauert ca. 1 Stunde.

Backofen mit einem leeren Blech auf unterster Schiene und einem Blech auf mittlerer Schiene auf 230 °C (Ober-/Unterhitze) vorheizen.

Baguette mit ein wenig Reismehl bestäuben und mehrfach diagonal etwa 1 cm tief mit einem scharfen Messer einschneiden. Auf ein Backpapier legen.

Baguette mit dem Backpapier auf das mittlere, vorgeheizte Blech ziehen und ein Glas Wasser in das untere Blech gießen.

Für 20 Minuten backen. Nach 2 Minuten die Backofentür einen Spalt weit öffnen und einen Holzlöffel für die restliche Backzeit dazwischenklemmen. Temperatur auf 240 °C erhöhen und für weitere 5–10 Minuten backen.

WEISSBROT

120 g Reismehl + etwas mehr zum Bestäuben
120 g Reisvollkornmehl
130 g Maisstärke
50 g Tapiokastärke
20 g Flohsamenschalen, gemahlen
5 g Guarkernmehl
9 g Salz
5 g Zuckerrübensirup
10 g frische Hefe
30 g Olivenöl

Kastenform (25 cm)

Zubereitungszeit: 20 Minuten
Ruhezeit: 1,5–2 Stunden
Backzeit: 35 Minuten

Tipp: Um eine schöne Kruste zu erzeugen, das Brot am Ende des Backens für die letzten 10 Minuten aus der Form nehmen und ohne Form zu Ende backen!

Die trockenen Zutaten bis auf die Hefe in einer großen Schüssel mit einem Schneebesen gut miteinander vermischen.

In einer separaten Schüssel 480 ml warmes Wasser und Zuckerrübensirup miteinander verrühren und die Hefe darin auflösen. Zur Mehlmischung hinzugeben und das Ganze in einer Küchenmaschine oder mit den Händen vermengen.

Kurz bevor die Masse eine glatte Konsistenz erreicht hat, das Olivenöl hinzugeben und zu einem glatten Teig verarbeiten.

Den Teig mit einem feuchten Tuch abdecken und danach für 30 Minuten an einem warmen Ort gehen lassen.

Den Teig zu einer Kugel formen und diese etwas in Länge rollen. In eine gefettete Kastenform legen und wieder mit einem feuchten Tuch abdecken.

Nochmals für 1–1,5 Stunden bei Zimmertemperatur gehen lassen, bis sich das Volumen in etwa verdoppelt hat.

Backofen mit einem leeren Blech auf unterster und einem weiteren Blech auf mittlerer Schiene auf 230 °C (Ober-/Unterhitze) vorheizen.

Das Brot mit etwas Reismehl bestäuben und mit einem scharfen Messer der Länge nach etwa 1 cm tief einschneiden.

Das Brot auf das mittlere Backblech im Backofen legen und ein Glas Wasser in das untere Blech gießen.

Nach 5 Minuten die Backofentür einen Spalt weit öffnen und einen Holzlöffel für die restliche Backzeit dazwischenklemmen. Die Temperatur auf 215 °C reduzieren.

Für weitere 30 Minuten backen, bis das Brot eine schöne Bräune angenommen hat.

Sauerteig herstellen

Wichtige Hinweise, bevor es losgeht:

- Das Schraubglas sollte etwa 250 ml Inhalt aufnehmen können und sauber sein.
- Täglich ein frisches, sauberes Schraubglas verwenden.
- Den Deckel nicht festschrauben, sondern wegen der Gasbildung immer nur leicht auflegen.
- Das Anstellgut während des Ansetzens bei Raumtemperatur lagern. Ideal sind 25–30 °C.
- Die richtige Wassertemperatur ist wichtig für die Entwicklung des Anstellguts.
- Sollte nach einem der Schritte Schimmel zu sehen sein, Anstellgut entsorgen und von vorne beginnen.

Anstellgut ansetzen

Tag 1:
50 g Reisvollkornmehl und 60 ml 33 °C warmes Wasser vermischen.

Tag 2:
80 g Teig vom Vortag mit 50 g Reisvollkornmehl und 50 ml ca. 33 °C warmem Wasser vermengen.

Tag 3:
60 g Teig vom Vortag mit 50 g Reisvollkornmehl und 40 ml ca. 33 °C warmem Wasser vermengen. 10 g frische Apfelschale hinzugeben.

Tag 4:
40 g Teig vom Vortag mit 50 g Reisvollkornmehl und 45 ml ca. 33 °C warmem Wasser vermengen. 5 g frische Apfelschale hinzugeben.

Tag 5:
10 g Teig vom Vortag mit 50 g Reisvollkornmehl und 50 ml ca. 33 °C warmem Wasser vermengen.

Spätestens jetzt sollte das Anstellgut leicht säuerlich riechen, weil sich die Essigsäurebakterien und Milchsäurebakterien durchgesetzt haben.

Anstellgut lagern

Anstellgut kann 3–4 Wochen im Kühlschrank gelagert werden. Eventuell zwischendurch mit 1 Esslöffel Reisvollkornmehl »füttern« und 1–2 Stunden bei Zimmertemperatur stehen lassen.

Sauerteig ansetzen

Sauerteig kann 1- oder 3-stufig angesetzt werden. Die Anzahl der Stufen bezeichnet dabei, wie oft der Sauerteig gefüttert, d. h. erneut aktiviert, wurde.

Mehr Stufen bedeuten zwar mehr Aufwand, können jedoch zu einem komplexeren Geschmack des Sauerteigs führen.

1-Stufen-Sauerteig herstellen

Für ca. 1 kg Sauerteig

- 450 g Reismehl, 45 g Anstellgut und 480 ml 33 °C warmes Wasser miteinander vermengen, sodass eine cremige Konsistenz entsteht. Mit Folie abdecken oder einen Deckel leicht auflegen.
- Den Teig für 24 Stunden bei 20–22 °C Raumtemperatur reifen lassen.

- Der Sauerteig sollte sichtbar aufgegangen sein. Dann ist er bereit zur Verwendung.

3-Stufen-Sauerteig herstellen

Beispielablauf für ca. 1 kg Sauerteig

Stufe 1: Anfrischsauer um 15 Uhr an Tag 1
7 g Reismehl, 2 g Anstellgut und 11 g ca. 30 °C warmes Wasser vermengen, sodass eine cremige Konsistenz entsteht. 5 Stunden bei Raumtemperatur stehen lassen.

Stufe 2: Grundsauer um 20 Uhr an Tag 2
117 g Reismehl, 20 g Anfrischsauer vom Vortag und 72 g ca. 20 °C warmes Wasser miteinander vermischen, sodass ein fester, aber nicht bröckeliger Klumpen entsteht. Für 15 Stunden kühl, aber nicht kalt lagern, z. B. im Keller, nicht im Kühlschrank.

Stufe 3: Vollsauer um 11 Uhr an Tag 3
375 g Reismehl, 209 g Grundsauer vom Vortag und 416 g ca. 30 °C warmes Wasser miteinander vermischen, sodass eine cremige Konsistenz entsteht. 4 Stunden bei Raumtemperatur lagern.

Yeah! Um 15 Uhr ist der Sauerteig backbereit und sollte jetzt innerhalb von 3 Stunden verarbeitet werden.

Tipps:

- Man erkennt die Vollreife auch daran, dass der Sauerteig anfängt, in der Mitte leicht einzufallen und ein klar wahrzunehmender säuerlicher Geruch entsteht.

- Falls der Sauerteig einen unangenehmen, fauligen Geruch entwickelt, konnten nicht ausreichend Milch- und Essigsäurebakterien gebildet werden und der Sauerteig ist leider gekippt. Da hilft nur entsorgen und neu ansetzen.

Mit Sauerteig zu backen, erfordert zwar ein wenig Vorbereitungszeit, ist aber gar nicht so kompliziert. Denn letztlich entsteht Sauerteig nur durch eine Mischung von Mehl und Wasser, welche durch Fermentation natürlicher Hefen und Milchsäurebakterien stattfindet. Das sorgt für einen guten Geschmack, eine längere Haltbarkeit und bessere Bekömmlichkeit. Das wussten auch schon die alten Ägypter vor über 5000 Jahren und entwickelten die ersten Techniken zur Herstellung von Sauerteigbrot.

SAUERTEIGBROT

280 ml	aufgebrühter Fencheltee
100 g	Reisvollkornmehl
55 g	Buchweizenmehl
10 g	Reisvollkornmehl
15 g	Leinsamenmehl (oder fein gemahlene Leinsamen)
15 g	Braunhirsemehl
15 g	Röstmehl (siehe Seite 14) (optional – alternativ Reisvollkornmehl)
8 g	Guarkernmehl
45 g	Kartoffelstärke
16 g	Flohsamenschalen, gemahlen
6 g	Salz
3 g	frische Hefe
10 g	Zuckerrübensirup
175 g	Sauerteig (siehe Seite 30f.)

Zubereitungszeit: 30 Minuten
Ruhezeit: 3–4 Stunden
Backzeit: 45 Minuten

Tee zubereiten, damit er auf Raumtemperatur abkühlen kann.

Mehle, Kartoffelstärke, Flohsamenschalen und Salz mit einem Schneebesen gründlich miteinander vermengen.

Hefe im abgekühlten Tee auflösen. Dann Zuckerrübensirup und Sauerteig mit Tee verrühren und zu den trockenen Zutaten geben. Alles kurz per Hand zu einem glatten Teig verkneten.

Anschließend mit einem Tuch abdecken und für 1 Stunde an einem warmen Ort ruhen lassen.

Teig nach dem Ruhen zu einer Kugel formen und mehrfach die Seiten nach innen einschlagen. Den »Schluss«, also die offene Seite der Kugel, in Reisvollkornmehl wälzen und den Vorgang ein zweites Mal wiederholen.

Anschließend mit dem »Schluss« nach unten auf ein bemehltes Tuch (oder, falls vorhanden, in ein Gärkörbchen oder einen Topf) legen.

Teig mit einem Tuch abgedeckt für 2–3 Stunden an einem warmen Ort ruhen lassen. Der Teig sollte etwa das doppelte Volumen erreichen.

Backofen mit einem leeren Blech auf unterster und einem Backblech auf mittlerer Schiene auf 230 °C (Ober-/Unterhitze) vorheizen.

Brot mit dem »Schluss« nach oben auf das vorgeheizte Backblech legen und ein Glas Wasser in das untere Blech gießen. Ofentür sofort wieder schließen.

Nach 30 Minuten Backzeit die Temperatur auf 240 °C erhöhen und weitere 15 Minuten backen.

KRUSTENBROT

Unser alltime favorite zum Zu-Hause-Nachbacken

3 g	frische Hefe
40 g	Sauerteig (siehe Seite 30f.)
10 g	Zuckerrübensirup
150 g	Reisvollkornmehl + etwas mehr zum Wälzen
100 g	Buchweizenmehl
8 g	Salz
24 g	Flohsamenschalen, gemahlen
7 g	Guarkernmehl

Zubereitungszeit: 30 Minuten
Ruhezeit: 1,5 Stunden
Backzeit: 1 Stunde

400 ml lauwarmes Wasser, Hefe, Sauerteig und Zuckerrübensirup in eine Rührschüssel geben und mit einem Schneebesen glatt rühren.

In einer zweiten Schüssel Reisvollkornmehl, Buchweizenmehl, Salz, Flohsamenschalen und Guarkernmehl vermischen und anschließend zum Wasser-Hefe-Gemisch geben.

Den Teig 10 Minuten mit der Küchenmaschine oder den Händen gut verkneten. Sobald sich der Teig vom Schüsselrand löst, ist er fertig.

Abgedeckt mit einem Tuch an einem warmen Ort für 15–20 Minuten ruhen lassen.

Anschließend den Teig zu einem runden Brot formen, in Reisvollkornmehl wälzen und auf ein mit Backpapier belegtes Backblech setzen.

Das Brot mit einem Tuch abdecken und so lange gehen lassen, bis sich das Volumen des Teigs verdoppelt hat. Das dauert ca. 1 Stunde.

Den Backofen mit einem leeren Blech auf der untersten Schiene auf 240 °C (Ober-/Unterhitze) vorheizen.

Das Brot an der Oberseite mittig kreuzweise einschneiden und auf der mittleren Schiene in den vorgeheizten Backofen schieben. Sofort ein Glas Wasser in das vorgeheizte Blech auf der untersten Schiene gießen.

Die Temperatur auf 200 °C reduzieren und das Brot etwa 1 Stunde backen.

HAFERBROT MIT SAUERTEIG

- 80 g Reismehl
- 25 g Reisvollkornmehl
- 20 g Guarkernmehl
- 75 g Kartoffelstärke
- 20 g Flohsamenschalen, gemahlen
- 20 g Salz
- 2 g frische Hefe
- 300 g glutenfreie Haferflocken + 30 g zur Dekoration
- 500 g Sauerteig (siehe Seite 30f.)

Zubehör: Kastenform (30 cm)

Zubereitungszeit: 20 Minuten
Ruhezeit: 3,5 Stunden
Backzeit: 50 Minuten

Mehle, Kartoffelstärke, Flohsamenschalen und Salz mit einem Schneebesen vermengen und durch ein feines Sieb sieben.

Die Hefe in 540 ml lauwarmem Wasser auflösen und gemeinsam mit den Haferflocken und dem Sauerteig zur Mehlmischung geben.

Alle Zutaten 2–3 Minuten in einer Küchenmaschine oder mit den Händen zu einem Teig verarbeiten.

Den Teig abdecken und für 20 Minuten an einem warmen Ort ruhen lassen.

Anschließend den Teig zu einer Kugel formen und zu einem länglichen Brot rollen.

Den Teig mit etwas Wasser anfeuchten und in Haferflocken wälzen.

Anschließend in die gefettete Kastenform legen und mit einem Tuch abdecken.

Den Teig für ca. 3 Stunden bei Zimmertemperatur gehen lassen, bis sich das Volumen verdoppelt hat.

Backofen mit einem leeren Blech auf unterster und einem weiteren Blech auf mittlerer Schiene auf 250 °C (Ober-/Unterhitze) vorheizen.

Brot in den vorgeheizten Backofen auf das obere Blech stellen und ein Glas Wasser in das untere Blech gießen.

Die Temperatur auf 230 °C reduzieren und ca. 50 Minuten backen.

In der Kastenform auskühlen lassen.

SENFBROT MIT SAUERTEIG

Quellstück:
50 g glutenfreie Haferflocken
100 g süßer Senf
100 g glutenfreies Bier

330 ml Schwarztee oder Fencheltee
230 g Reismehl
60 g Reisvollkornmehl
10 g Röstmehl (siehe Seite 14) oder Reisvollkornmehl
13 g Guarkernmehl
10 g Braunhirsemehl + 30 g zum Wälzen (optional)
15 g Flohsamenschalen, gemahlen
12 g Salz
10 g Zuckerrübensirup
5 g frische Hefe
80 g Sauerteig (siehe Seite 30f.)

Zubereitungszeit: 30 Minuten
Ruhezeit: 3 + 3,5 Stunden
Backzeit: 45–50 Minuten

Tipps: Für ein noch besseres Aroma das Quellstück wenn möglich über Nacht quellen lassen.

Wenn gewünscht, die Kugel vor dem Gehenlassen in Braunhirsemehl oder Reisvollkornmehl wälzen.

Für das Quellstück Haferflocken mit süßem Senf und Bier anrühren. Bei Raumtemperatur abgedeckt für mindestens 3 Stunden quellen lassen.

Tee kochen und auskühlen lassen.

Die Mehle mit einem Schneebesen gründlich miteinander vermengen und durch ein feines Sieb sieben. Flohsamenschalen und Salz hinzugeben und nochmals gründlich vermengen.

Tee und Zuckerrübensirup verrühren und Hefe darin auflösen. Anschließend mit Quellstück und Sauerteig zur Mehlmischung geben.

Alle Zutaten in einer Küchenmaschine oder mit den Händen zu einem glatten Teig verarbeiten. Mit einem Tuch abdecken und an einem warmen Ort für 30 Minuten ruhen lassen.

Den Teig zu einer runden Kugel formen und auf ein mit Backpapier ausgelegtes Backblech geben. Erneut mit einem Tuch abdecken und an einem warmen Ort für 2–3 Stunden gehen lassen, bis sich sein Volumen verdoppelt hat.

Backofen mit einem leeren Blech auf unterster und einem weiteren Blech auf mittlerer Schiene auf 250 °C (Ober-/Unterhitze) vorheizen.

Mit einem scharfen Messer ein Dreieck auf der Oberfläche einschneiden und auf dem Backpapier vorsichtig auf das vorgeheizte Blech auf der mittleren Schiene ziehen.

Ein Glas Wasser in das untere Blech gießen und sofort die Ofentür schließen. 10 Minuten bei 250 °C backen, dann die Temperatur auf 230 °C reduzieren und das untere Backblech entfernen.

Für weitere 35–40 Minuten backen. Danach auf einem Gitter auskühlen lassen.

KÖRNERBRÖTCHEN

Für 10 Brötchen

300 g	Reismehl
100 g	Buchweizenmehl
10 g	Guarkernmehl
30 g	Kartoffelstärke
40 g	Flohsamenschalen, gemahlen
45 g	Kürbiskerne
45 g	Sonnenblumenkerne
12 g	Salz
30 g	Reissirup
10 g	frische Hefe

Saatenmischung nach Geschmack, z. B. Kürbiskerne, Sonnenblumenkerne, Leinsamen zur Dekoration

Zubereitungszeit: 20 Minuten
Ruhezeit: 1 Stunde
Backzeit: 25–30 Minuten

Trockene Zutaten bis auf die Hefe mit einem Schneebesen vermengen.

Reissirup mit 650 ml lauwarmem Wasser verrühren und Hefe darin auflösen.

Die Flüssigkeit zu den trockenen Zutaten geben und die Masse in der Küchenmaschine oder von Hand zu einem glatten Teig verarbeiten.

Aus dem Teig einzelne Teiglinge à 120 g abwiegen und zu runden Brötchen formen.

Saatenmischung in einer separaten Schüssel vermischen.

Die Oberfläche der Teiglinge mit etwas Wasser bestreichen und vorsichtig in die Saatenmischung drücken.

Teiglinge mit einem Tuch abdecken und mindestens für 1 Stunde an einem warmen Ort gehen lassen.

Backofen auf 220 °C (Ober-/Unterhitze) vorheizen.

Teiglinge auf ein mit Backpapier ausgelegtes Backblech geben und auf mittlerer Schiene für ca. 25–30 Minuten backen.

FRÜHSTÜCKSBRÖTCHEN

Für 10 Brötchen

- 300 g Reismehl + etwas mehr zum Bestäuben
- 100 g Buchweizenmehl
- 30 g Kartoffelstärke
- 40 g Flohsamenschalen, gemahlen
- 10 g Guarkernmehl
- 12 g Salz
- 30 g Reissirup
- 10 g frische Hefe

Zubereitungszeit: 20 Minuten
Ruhezeit: 1 Stunde
Backzeit: 25–30 Minuten

Trockene Zutaten bis auf die Hefe mit einem Schneebesen vermengen.

Reissirup mit 675 ml lauwarmem Wasser verrühren und Hefe darin auflösen.

Die Flüssigkeit zu den trockenen Zutaten geben und die Masse in der Küchenmaschine oder von Hand zu einem glatten Teig verarbeiten.

Aus dem Teig einzelne Teiglinge à 120 g abwiegen und zu runden Brötchen formen.

Teiglinge mit einem Tuch abdecken und mindestens für 1 Stunde an einem warmen Ort gehen lassen.

Backofen auf 220 °C (Ober-/Unterhitze) vorheizen.

Teiglinge mit etwas Reismehl bestäuben und mit einem scharfen Messer kreuzweise ca. 1 cm tief einschneiden.

Teiglinge auf ein mit Backpapier ausgelegtes Backblech geben und auf mittlerer Schiene für ca. 25–30 Minuten backen.

KÖRNERSTANGERL

Für ca. 14 Stangen

Saatenmischung:
30 g Kürbiskerne
30 g Sonnenblumenkerne
30 g Sesam
30 g Leinsamen, ganz

230 g Reismehl
250 g Buchweizenmehl
100 g Maisstärke
35 g Flohsamenschalen, gemahlen
12 g Guarkernmehl
5 g Brotgewürz
16 g Salz
50 g Reissirup
16 g frische Hefe

Saatenmischung nach Geschmack, z. B. Kürbiskerne, Sonnenblumenkerne, Leinsamen zur Dekoration

Zubereitungszeit: 25 Minuten
Ruhezeit: 1 Stunde
Backzeit: 25–30 Minuten

Die Zutaten für die Saatenmischung miteinander vermengen und beiseitestellen.

Die übrigen trockenen Zutaten bis auf die Hefe mit einem Schneebesen in einer separaten Schüssel vermengen.

Reissirup mit 700 ml lauwarmem Wasser verrühren und Hefe darin auflösen. Zu den trockenen Zutaten hinzufügen.

Etwa zwei Drittel der Saatenmischung dazugeben und alles zügig in der Küchenmaschine oder mit den Händen zu einem glatten Teig verarbeiten.

Den Teig abgedeckt für 1 Stunde an einem warmen Ort stehen lassen.

Den Teig in jeweils 120 g schwere Stücke teilen und mit den flachen Händen zu länglichen Stangen ausrollen.

Die Oberfläche der Stangen mit etwas Wasser benetzen und vorsichtig in der verbliebenen Saatenmischung wälzen.

Die Stangen einem Tuch abdecken und an einem warmen Ort für ca. 1 Stunde gehen lassen.

Backofen auf 220 °C (Ober-/Unterhitze) vorheizen.

Stangen auf einem mit Backpapier ausgelegten Backblech auf mittlerer Schiene etwa 25–30 Minuten backen.

LAUGENBRÖTCHEN & BREZELN

Für 10 Brötchen oder Brezeln

200 g	Reismehl
220 g	Kartoffelstärke
30 g	Tapiokastärke
30 g	Braunhirsemehl
24 g	Flohsamenschalen, gemahlen
6 g	Guarkernmehl
9 g	Salz
20 g	Zuckerrübensirup
6 g	frische Hefe
45 g	weiche Butter oder Margarine

Grobes Salz oder Saaten nach Geschmack zur Dekoration

Für die Lauge:
50 g Natron
oder fertige Bäckerlauge

Zubereitungszeit: 45 Minuten
Ruhezeit: 1 Stunde
Backzeit: 27 Minuten

Tipps: Bitte Vorsicht! Wenn mit Lauge gearbeitet wird, am besten Schutzhandschuhe, Schutzbrille und Schürze anziehen und Holz als Arbeitsfläche vermeiden.

Fertige Bäckerlauge gibt es oftmals im Fachhandel oder in der Apotheke zu kaufen.

Trockene Zutaten bis auf die Hefe mit einem Schneebesen vermengen. Zuckerrübensirup mit 400 ml lauwarmem Wasser verrühren und Hefe darin auflösen.

Die Flüssigkeit zu den trockenen Zutaten geben und die Masse in einer Küchenmaschine oder mit den Händen verkneten. Zuletzt die Butter bzw. Margarine unterkneten, bis ein glatter, stabiler Teig entstanden ist. Den Teig mit einem feuchten Tuch abdecken und für 30 Minuten an einem warmen Ort ruhen lassen.

Aus dem Teig einzelne Teiglinge à 100 g abwiegen und diese in die gewünschte Form bringen (Brötchen, Brezeln, Knoten). Die Teiglinge mit einem feuchten Tuch abdecken und für weitere 30 Minuten an einem warmen Ort gehen lassen.

Backofen mit einem Backblech im unteren Drittel auf 230 °C (Ober-/Unterhitze) vorheizen.

Für die Lauge 1 l Wasser zum Kochen bringen, Natron einrühren und 1 Minute aufkochen lassen. Den Herd herunterschalten, sodass das Wasser nicht mehr kocht.

Die Teiglinge mit einem Schaumlöffel in das siedende Wasser geben. Nach 30 Sekunden vorsichtig wenden und nochmals 30 Sekunden in der Lauge schwimmen lassen. Anschließend aus dem Wasser heben, auf ein Backpapier legen und nach Belieben einschneiden, salzen oder mit Körnern bestreuen.

Das Backpapier direkt auf das heiße Blech ziehen und dieses in den Backofen schieben. Backofentemperatur auf 210 °C reduzieren. Nach 2 Minuten den Backofen einen Spalt öffnen und einen Holzlöffel in die Backofentür klemmen. Weitere 25 Minuten backen.

SNACKS

PIZZA

Für 2 Pizzaböden à 20 cm Ø

- 40 g Reismehl + etwas mehr zum Ausrollen
- 15 g Buchweizenmehl
- 10 g Reisvollkornmehl
- 5 g Leinsamenmehl oder gemahlene Leinsamen
- 5 g Guarkernmehl
- 15 g Tapiokastärke
- 10 g Kartoffelstärke
- 5 g Flohsamenschalen, gemahlen
- 2 g Salz
- 2 g frische Hefe
- 5 g Olivenöl

Pizzabelag nach Geschmack, z. B. Tomatensauce, Mozzarella, Basilikum

Zubereitungszeit: 20 Minuten
Ruhezeit: 3,5–4,5 Stunden
Backzeit: 6–8 Minuten

Tipps: Der Teig ist relativ weich und empfindlich, daher lieber mehrere kleinere Pizzen ausrollen als eine einzige große.

Den Rand vor dem Backen mit etwas Öl bestreichen, so wird er knuspriger.

Mehle, Stärken, Flohsamenschalen und Salz mit einem Schneebesen miteinander vermengen und durch ein feines Sieb sieben.

Die Hefe in 120 ml lauwarmem Wasser auflösen und zu der Mehlmischung geben.

Alles in der Küchenmaschine oder mit den Händen zu einem glatten Teig verarbeiten.

Zum Schluss das Olivenöl dazugeben und nochmals zu einem glatten Teig kneten.

Den Teig abgedeckt bei Zimmertemperatur 30 Minuten ruhen lassen.

Teig in zwei Hälften teilen, jeweils zu Kugeln formen (1 Kugel je Pizzaboden) und für weitere 3–4 Stunden abgedeckt ruhen lassen.

Den Backofen mit einem Blech im unteren Drittel auf 260 °C (Umluft) vorheizen.

Den Teig auf etwas Reismehl direkt auf einem Backpapier dünn ausrollen.

Pizzaboden nach Wunsch belegen.

Das Backpapier mit der Pizza auf das heiße Blech ziehen und 6–8 Minuten backen. Der Boden sollte schön kross sein.

FOCACCIA

400 g mehligkochende Kartoffeln (für ca. 325 g Kartoffelbrei)
315 g Reismehl
130 g Buchweizenmehl
30 g Lupinenmehl
10 g Flohsamenschalen, gemahlen
80 g Tapiokastärke
4 g Guarkernmehl
10 g Salz
20 g Hefe
500 g lauwarmes Wasser
11 g Zuckerrübensirup
10 g Apfelessig
50 g Olivenöl + 2–3 EL zum Bestreichen

Grobes Salz, Rosmarin, kleine Tomaten nach Geschmack zur Dekoration

Zubereitungszeit: 45 Minuten
Ruhezeit: 2 Stunden
Backzeit: 25–30 Minuten

Kartoffeln schälen und kochen. Die noch warmen Kartoffeln zu einem glatten, klümpchenlosen Brei stampfen.

Trockene Zutaten mit einem Schneebesen gut miteinander vermischen und durch ein feines Sieb sieben.

In einer separaten Schüssel die Hefe in Wasser auflösen, danach Zuckerrübensirup, Apfelessig und Olivenöl hinzufügen und verrühren.

Alle Zutaten nun mit einer Küchenmaschine oder den Händen zu einem Teig verkneten.

Den Teig direkt auf einem Backpapier zu einem großen Rechteck ausrollen.

Mit einem feuchten Tuch abdecken und für mindestens 2 Stunden an einem warmen Ort gehen lassen.

Den Backofen mit einem Blech im unteren Drittel auf 220 °C (Umluft) vorheizen.

Teig mit den Fingern leicht eindrücken, um das typische Muster zu erzeugen und mit Olivenöl bestreichen. Nach Belieben belegen und würzen.

Das Backpapier vorsichtig auf das heiße Blech ziehen und 25–30 Minuten backen.

WRAPS

Für 4 Wraps

100 g	Buchweizenmehl + etwas mehr zum Ausrollen
3 g	Guarkernmehl
3 g	Flohsamenschalen, gemahlen
50 g	Tapiokastärke
3 g	Salz

Zubereitungszeit: 15 Minuten
Ruhezeit: 30 Minuten
Backzeit: 5 Minuten

Tipps: Die Wraps nach dem Auskühlen mit einem Tuch abdecken, damit sie nicht austrocknen.

Sollte der Teig beim Ausrollen zu klebrig sein, den Teig 30 Minuten in den Kühlschrank stellen.

Mehle, Flohsamenschalen, Tapiokastärke und Salz mit einem Schneebesen vermischen und durch ein feines Sieb sieben.

200 ml heißes Wasser (80 °C) hinzugeben und rasch mit der Küchenmaschine zu einem glatten Teig verarbeiten.

Den Teig in Folie wickeln und 30 Minuten bei Raumtemperatur ruhen lassen.

Etwas Mehl auf der Arbeitsfläche verteilen.

Eine Pfanne ohne Öl- oder Fettzugabe bei mittlerer Temperatur vorheizen.

Den Teig in 4 Teile aufteilen und zu Kugeln formen, dann so dünn wie möglich rundlich ausrollen und in die Pfanne geben.

Den Wrap nach einer Minute wenden.

Nach einer weiteren Minute erneut wenden, bis der Wrap durchgebacken ist und leichte Bräunungspunkte aufweist.

Alle Wraps auf diese Weise ausbacken. Die Pfanne nach jedem Wrap mit einem Tuch auswischen, damit Mehlrückstände nicht anbrennen können.

Die Wraps nach Belieben füllen.

SALZIGE WAFFELN

Für 8 Waffeln

220 g Buchweizenmehl
20 g Kartoffelstärke
6 g Backpulver
2 g Salz
100 g Reissirup
2,5 EL Sonnenblumenöl
220 g Milch oder Pflanzenmilch
2 TL Apfelessig

Butter, Margarine oder Sonnenblumenöl zum Fetten des Waffeleisens

Zubehör: Waffeleisen

Zubereitungszeit: ca. 10 Minuten + Backzeit

Buchweizenmehl, Kartoffelstärke, Backpulver und Salz mit einem Schneebesen in einer Schüssel vermengen.

Reissirup, Sonnenblumenöl, Milch bzw. Pflanzenmilch und Apfelessig dazugeben und zu einem glatten Teig verrühren.

Den Teig 5 Minuten ruhen lassen.

Anschließend portionsweise in ein geöltes Waffeleisen geben und goldbraun backen.

FLAMMKUCHEN

Für 4 Flammkuchen

50 g	Reismehl + etwas mehr zum Ausrollen
50 g	Reisvollkornmehl
3 g	Guarkernmehl
15 g	Braunhirsemehl (optional)
50 g	Kartoffelstärke
25 g	Tapiokastärke
4 g	Salz
20 g	Sonnenblumenöl
250 g	(veganer) Schmand

Belag nach Geschmack, z. B. Gemüse, Zwiebeln

Zubereitungszeit: 20 Minuten
Ruhezeit: 1 Stunde
Backzeit: 8–10 Minuten

Mehle, Kartoffel- und Tapiokastärke sowie Salz in einer großen Schüssel mit einem Schneebesen gut miteinander vermischen und durch ein feines Sieb sieben.

110 ml Wasser hinzugeben und in einer Küchenmaschine oder mit den Händen verkneten. Öl hinzugeben und alles zu einem glatten Teig verarbeiten. Den Teig in Folie gewickelt 1 Stunde im Kühlschrank ruhen lassen.

Den Backofen mit einem Backblech im unteren Drittel auf 260 °C (Umluft) vorheizen.

Den Teig in 4 Stücke teilen und jeweils zu kleinen Kugeln formen.

Die Arbeitsfläche mit etwas Mehl bestäuben und jede Kugel sehr dünn ausrollen.

Die Teiglinge auf ein Backpapier legen und mit Schmand bestreichen.

Nach Geschmack belegen und würzen.

Das Backpapier mit dem Teig vorsichtig auf das heiße Backblech ziehen und 8–10 Minuten backen. Der Boden sollte schön knusprig sein. Andernfalls die Backzeit erhöhen.

GEMÜSE-QUICHE

Für den Teig:

200 g	Reismehl + etwas mehr zum Ausrollen und zum Bestäuben der Backform
3 g	Salz
50 g	Olivenöl
1 Ei	oder Ei-Ersatz aus 50 g Aquafaba + 3 EL kaltem Wasser

Für die Füllung:

400 g	Gemüse (z. B. Zucchini, Pilze, Zwiebeln, Paprika)

Für die traditionelle Eiermasse:

200 g	Crème fraîche oder Schmand
3	Eier
100 g	geriebener Käse

Für die vegane Variante:

400 g	Naturtofu
100 g	Pflanzenmilch
4–5 EL	Hefeflocken
1 EL	Olivenöl
100 g	geriebener veganer Käse

Gewürze nach Geschmack
(z. B. Salz, Kala Namak, Pfeffer, Kräuter)

Zubehör: Quiche-Backform oder
runde Springform (26 cm Ø)

Zubereitungszeit: 30 Minuten
Ruhezeit: 1 Stunde
Backzeit: ca. 20 + ca. 45 Minuten

Tipp: Für noch mehr Aroma Gemüse vor dem Befüllen kurz anbraten.

Reismehl, Salz und Olivenöl mit den Fingern zu Streuseln verarbeiten. Ei bzw. Ei-Ersatz hinzugeben. 100 ml kühles Wasser (maximal Raumtemperatur) nach und nach mit den Händen untermengen, bis ein glatter Teig entstanden ist.

Teig in Folie wickeln und 1 Stunde im Kühlschrank ruhen lassen. Anschließend nochmals kurz durchkneten, Arbeitsfläche mit Mehl bestäuben und Teig 5–6 Millimeter dick ausrollen.

Backofen mit einem Gitter auf mittlerer Schiene auf 180 °C (Umluft) vorheizen.

Eine Backform einfetten und mit Mehl bestäuben. Teig in die Form legen. Einen kleinen Teigrand an der Innenseite der Backform nach oben drücken. Teigboden mit einer Gabel mehrfach einstechen.

Den Teigboden auf mittlerer Schiene 15–20 Minuten im Backofen blindbacken, bis der Teig am Rand zu bräunen beginnt, anschließend mindestens 15 Minuten auskühlen lassen.

Füllung nach Geschmack vorbereiten und würzen, z. B. mit Salz, Pfeffer und Krautern.

Zutaten für die traditionelle Eiermasse mit einem Schneebesen, die vegane Variante mit einem Mixer gründlich verrühren.

Füllung in der Form verteilen und die Eiermasse bzw. die vegane Variante darübergeben. Es sollte ca. 1 cm bis zum oberen Rand frei bleiben.

Die Quiche 35–45 Minuten im Backofen auf der mittleren Schiene backen. Sie ist fertig gebacken, wenn sich die Füllung beim Hin- und Herschwenken der Form nicht mehr bewegt.

GRUND-REZEPTE SWEET

HEFETEIG

Für ca. 1 kg Hefeteig

200 g	Reismehl
50 g	Buchweizenmehl
15 g	Guarkernmehl
100 g	Tapiokastärke
50 g	Kartoffelstärke
15 g	Flohsamenschalen, gemahlen
5 g	frische Hefe
55 g	Zucker
1 EL	Zitronenabrieb
1	Vanilleschote
10 g	Salz
250 g	lauwarme Milch oder 270 g Pflanzenmilch
1 Ei	zimmerwarm (optional – für eine vegane Variante einfach weglassen)
70 g	weiche Butter oder Margarine

Zubereitungszeit: 15 Minuten
Ruhezeit: 30 Minuten

Tipp: Für eine hefefreie Variante die komplette Wassermenge durch Hefewasser ersetzen. Die Teigruhe sollte dann auf mindestens 3 Stunden verlängert werden. Siehe Seite 13 zum Einsatz von Hefewasser statt Hefe.

Die Mehle, die Tapioka- und die Kartoffelstärke sowie die Flohsamenschalen mit einem Schneebesen vermischen und anschließend durch ein feines Sieb sieben.

Hefe in 165 ml lauwarmem Wasser auflösen. Anschließend mit Zucker, Zitronenabrieb, dem ausgekratzten Mark der Vanilleschote, Salz, Milch bzw. Pflanzenmilch und Ei vermischen.

Trockene Zutaten hinzugeben und die Masse in einer Küchenmaschine oder von Hand verrühren und zu einem glatten Teig verarbeiten.

Erst zum Schluss Butter bzw. Margarine zum Teig geben und noch einmal ordentlich glatt kneten.

Teig mit einem feuchten Tuch bedecken und für mindestens 30 Minuten an einem warmen Ort gehen lassen. Anschließend je nach Rezept weiterverarbeiten.

MÜRBETEIG

Für 1 kg Mürbeteig

200 g Reismehl
75 g Buchweizenmehl
200 g Tapiokastärke
350 g weiche Butter oder Margarine
170 g Puderzucker
5 g Salz

Zubereitungszeit: 15 Minuten
Ruhezeit: 3 Stunden

Tipps: Fertiger Mürbeteig hält sich problemlos 1–2 Wochen in Folie gewickelt im Kühlschrank.

Für einen Schoko-Mürbeteig 2 Esslöffel Backkakao auf 1 kg Hefeteig gemeinsam mit den Mehlen verrühren.

Reismehl, Buchweizenmehl und Tapiokastärke mit einem Schneebesen gut vermischen und durch ein feines Sieb sieben.

Butter bzw. Margarine, Puderzucker und Salz mit einem Handrührgerät schaumig rühren.

Mehlmischung mit der Fettmasse zügig mit den Händen zu einem glatten Teig verarbeiten.

Teig in Folie gewickelt für ca. 3 Stunden in den Kühlschrank stellen.

Den Teig vor der Weiterverarbeitung kurz erneut von Hand verkneten.

Nach Belieben weiterverarbeiten.

SWEET-LOVE-MEHLMIX

Für 1 kg Mehlmischung

565 g Reismehl
325 g Kartoffelstärke
100 g Tapiokastärke
10 g Flohsamenschalen, gemahlen

Zubereitungszeit: 15 Minuten

Hinweis: Die Mehlmischung ist in einem geschlossenen Behälter bis zu 1 Jahr haltbar.

Alle Zutaten mit einem Schneebesen gründlich vermengen.

Anschließend durch ein feines Sieb sieben.

Noch einfacher? Den fertig gemischten Mehlmix hier bestellen:

STREUSEL

Für ca. 1 kg Streusel für Kuchen-Deko, Muffin-Toppins, Crumbles etc.

- 220 g Puderzucker
- 260 g kalte Butter oder Margarine
- 1 g Salz
- 30 g Eigelb (optional)
- 365 g Reismehl
- 125 g Tapiokastärke

Zubereitungszeit: 15 Minuten

Tipps: In einem luftdichten Behälter können die Streusel 1–2 Wochen im Kühlschrank gelagert werden.

Vermengt mit frischem oder gefrorenem Obst nach Wahl, kann man mit den Streuseln einen supersimplen und schnellen Crumble backen.

Puderzucker, Butter bzw. Margarine, Salz und Eigelb mit den Händen vermischen.

Reismehl und Tapiokastärke mit einem Schneebesen vermengen und zur Fettmischung geben.

Alle Zutaten vorsichtig von Hand durchkneten, bis eine krümelige, klumpige Konsistenz entstanden ist. Es sollte kein glatter Teig werden.

BISKUIT TRADITIONELL

7	Eier
200 g	Zucker
90 g	Reismehl + etwas mehr für die Backform
90 g	Kartoffelstärke
2 g	Salz

Zubehör: runde Springform (26 cm ∅)

Zubereitungszeit: ca. 20 Minuten
Backzeit: 25–30 Minuten

Backofen auf 190 °C (Umluft) vorheizen.

Eier trennen. Eiweiß mit 100 g Zucker in der Küchenmaschine steif schlagen.

In einer separaten Schüssel Eigelb mit 100 g Zucker schaumig rühren.

Reismehl, Kartoffelstärke und Salz mit einem Schneebesen vermengen.

Ein Drittel des Eischnees mit einem Schneebesen in die Eigelbmasse rühren. Anschließend den restlichen Eischnee vorsichtig unterheben.

Die Mehlmischung darüber sieben und vorsichtig unterheben, um die eingeschlossene Luft in der Masse zu erhalten.

Die Masse in eine eingefettete und bemehlte Form füllen und für ca. 25–30 Minuten backen. Stäbchenprobe machen.

Um eine gerade Oberfläche zu erhalten, den Ring der Springform entfernen, einen ausreichend großen Teller auf den Kuchenboden setzen und das Ganze auf den Kopf drehen (Achtung, heiß!).

Nach 5 Minuten wieder umdrehen, den Boden der Springform entfernen und den Kuchenboden auf einem Kuchengitter auskühlen lassen. Der Kuchenboden sollte vor der Weiterverarbeitung vollständig ausgekühlt sein.

BISKUIT VEGAN

125 g	Reismehl + etwas mehr für die Backform
5 g	Guarkernmehl
5 g	Lupinenmehl
65 g	Tapiokastärke
25 g	Backpulver
80 g	Rohrohrzucker
165 g	warme Milch oder Pflanzenmilch
40 g	flüssige Butter oder Margarine + etwas mehr zum Einfetten der Backform
100 ml	Sprudelwasser
2 TL	Zitronensaft

Zubehör: runde Springform (26 cm Ø)

Zubereitungszeit: ca. 15 Minuten
Backzeit: 40–45 Minuten

Tipp: Für einen Schoko-Biskuit 15 g Tapiokastärke durch Backkakao ersetzen. Gegebenenfalls etwas mehr Milch oder Pflanzenmilch hinzufügen.

Den Backofen auf 180 °C (Umluft) vorheizen.

Die Mehle, die Tapiokastärke und das Backpulver mit einem Schneebesen gründlich vermischen und durch ein feines Sieb sieben.

Zucker in der Milch auflösen. Die Mehlmischung dazugeben und kurz glatt rühren. Butter bzw. Margarine unter die Masse rühren. Zuletzt das Sprudelwasser und den Zitronensaft kurz unterrühren.

Die Masse in eine eingefettete und bemehlte Form füllen und glatt streichen.

Für ca. 35–45 Minuten backen. Stäbchenprobe machen. Der fertig gebackene Boden sollte eine leichte Bräunung haben und auf Druck leicht zurückfedern.

Um eine gerade Oberfläche zu erhalten, den Ring der Springform entfernen, einen ausreichend großen Teller auf den Kuchenboden setzen und das Ganze auf den Kopf drehen (Achtung, heiß!).

Nach 5 Minuten wieder umdrehen, den Boden der Springform entfernen und den Kuchenboden auf einem Kuchengitter auskühlen lassen. Der Kuchenboden sollte vor der Weiterverarbeitung vollständig ausgekühlt sein.

KUCHEN
TARTES

BANANA BREAD

Eine Hommage an Katharinas ehemalige Shotgun Sister Coffeebar, in der sich die beiden Autorinnen kennenlernten

250 g	reife Bananen + 1 Banane in dünne Scheiben geschnitten für die Dekoration (insgesamt 3–4 Bananen)
70 g	Buchweizenmehl
75 g	Hafermehl (oder gemahlene glutenfreie Haferflocken)
40 g	Mandeln, gemahlen
40 g	Walnüsse, gemahlen
200 g	Zucker
6 g	Backpulver
50 g	(vegane) Buttermilch
3 Eier	oder Ei-Ersatz aus 3 EL Leinsamen + 9 EL heißem Wasser (siehe Seite 16)
125 g	weiche Butter oder Margarine + etwas mehr zum Einfetten der Backform

Zubehör: Kastenform (25 cm)

Zubereitungszeit: 20 Minuten
Backzeit: 50–60 Minuten

Tipps: Statt Buchweizenmehl und Hafermehl kann auch der Sweet-Love-Mehlmix (siehe Seite 66) verwendet werden.

Das Banana Bread ist durch den hohen Bananenanteil supersaftig. Bei der Stäbchenprobe darf daher noch ein kleines bisschen Teig am Stäbchen kleben bleiben.

Backofen auf 180 °C (Umluft) vorheizen.

Bananen mit einer Gabel zerdrücken.

Mehle, Mandeln und Walnüsse, Zucker und Backpulver in einer großen Schüssel mit einem Schneebesen gründlich verrühren. Wer es ein bisschen crunchiger mag, kann auch ganze Mandeln und Walnüsse verwenden. Diese dafür nur einmal grob in der Küchenmaschine mahlen und dann wie beschrieben weitermachen.

Buttermilch, Eier oder Ei-Ersatz und Butter bzw. Margarine nach und nach mit dem Schneebesen oder in der Küchenmaschine unter die Mehlmischung rühren.

Zuletzt die zerdrückten Bananen unterrühren.

Den Teig in eine gefettete oder mit Backpapier ausgelegte Backform füllen und glatt streichen.

Eine Banane längs in dünne Streifen schneiden und als Dekoration obendrauf legen.

Im unteren Drittel des Backofens 50–60 Minuten backen. Nach 50 Minuten Stäbchenprobe machen.

BANANA BREAD – HEALTHY & SUGAR FREE

5 g	Chiasamen
550 g	reife Bananen (4–5 Bananen)
150 g	Mandeln, gemahlen
100 g	glutenfreier Haferflockenschrot
90 g	glutenfreies Hafermehl (oder gemahlene glutenfreie Haferflocken)
10 g	Backpulver
10 g	Zimt
2 g	Salz
60 g	Mandelmus

Zubehör: Kastenform (25 cm)

Zubereitungszeit: 20 Minuten
Backzeit: 80–90 Minuten

Backofen auf 180 °C (Umluft) vorheizen.

Chiasamen mit 20 ml lauwarmem Wasser in einem Glas verrühren und mindestens 15 Minuten quellen lassen.

Bananen mit einer Gabel zerdrücken.

Mandeln, Haferflockenschrot, Hafermehl, Backpulver, Zimt und Salz in einer großen Schüssel mit einem Schneebesen gründlich vermengen.

Chiasamen mitsamt dem Wasser und dem Mandelmus unterrühren.

Zuletzt die zerdrückten Bananen dazugeben und den Teig nochmals mit einem Schneebesen oder in der Küchenmaschine gründlich vermengen.

Den Teig in eine gefettete oder mit Backpapier ausgelegte Backform füllen und glatt streichen.

Im unteren Drittel des Backofens 80–90 Minuten backen. Nach 80 Minuten Stäbchenprobe machen.

MARMORKUCHEN

- 150 g Zucker
- 2 g Salz
- 100 g weiche Butter oder Margarine + etwas mehr zum Einfetten der Backform
- 85 g Sonnenblumenöl
- 360 g Sweet-Love-Mehlmix (siehe Seite 66)
- 15 g Backpulver
- 300 g Milch + 2 EL Milch oder Pflanzenmilch
- 2 EL Backkakao

Puderzucker oder Kuvertüre als Dekoration

Zubehör: Kastenform (25 cm)

Zubereitungszeit: 20 Minuten
Backzeit: 30–40 Minuten

Backofen auf 180 °C (Umluft) vorheizen.

Zucker, Salz, Butter bzw. Margarine und Öl mit einem Handrührgerät schaumig rühren.

Mehlmischung mit Backpulver vermischen.

Milch und Mehlmischung löffelweise mit einem Schneebesen oder in der Küchenmaschine mit der Zucker-Fett-Masse zu einem Teig verarbeiten.

Zwei Drittel des Teigs in eine gefettete oder mit Backpapier ausgelegte Form geben.

Backkakao mit 2 EL Milch verrühren und in den restlichen Teig einrühren.

Anschließend den dunklen Teig auf den hellen Teig geben und glatt streichen.

Für das typische Marmormuster des Kuchens eine Gabel spiralförmig durch den Teig ziehen.

Im unteren Drittel des Backofens 30–40 Minuten backen. Dann Stäbchenprobe machen.

Nach dem Backen den Kuchen auskühlen lassen und mit Puderzucker oder Kuvertüre dekorieren.

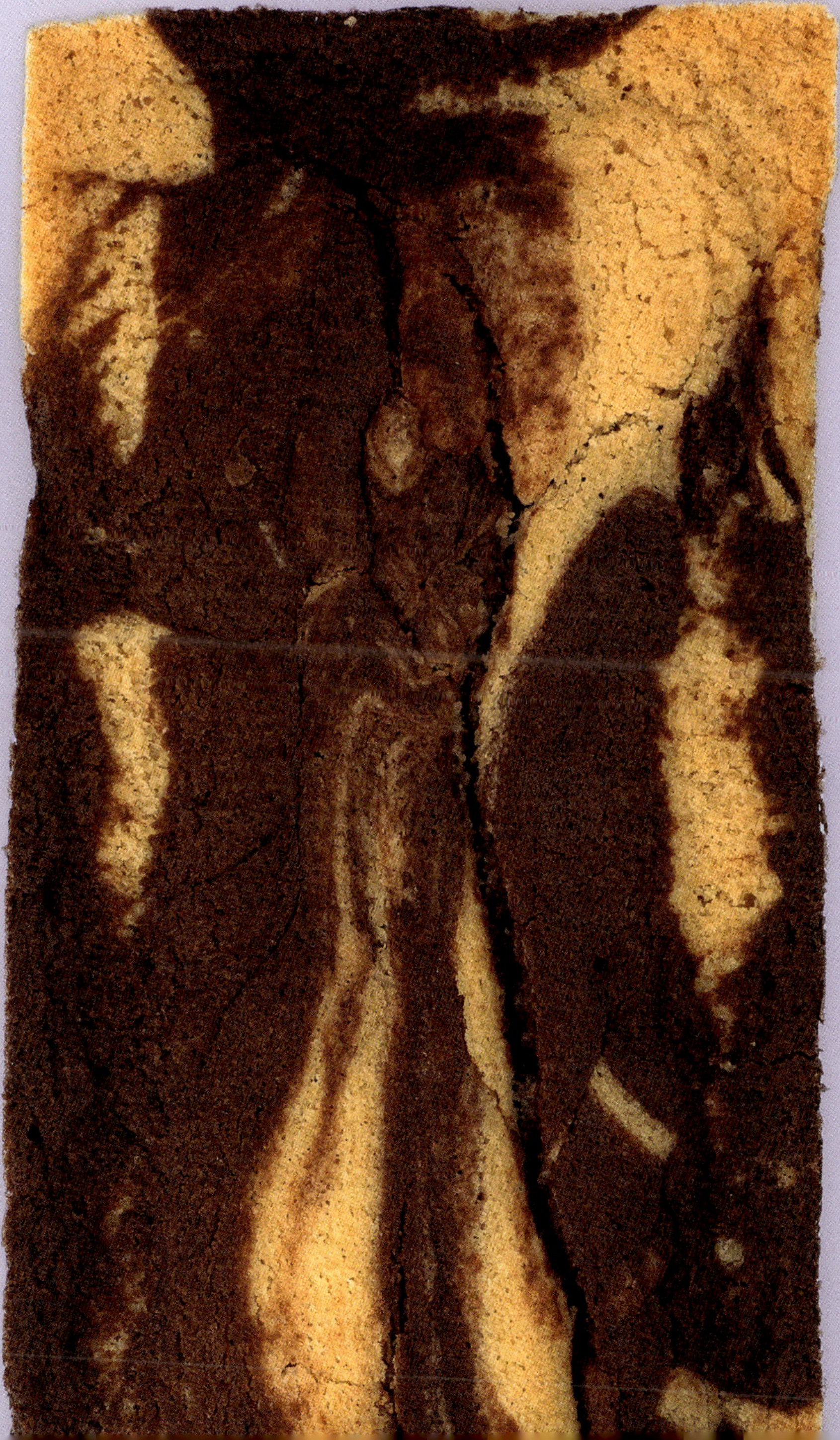

MARMOR-NUSSKUCHEN

140 g	glutenfreie Haferflocken, gemahlen (alternativ: Reismehl)
100 g	Mandeln, gemahlen
70 g	Kartoffelstärke
15 g	Backpulver
120 g	Kokosblütenzucker
15 g	Vanillezucker
50 g	Mandelmus
3 Eier	(optional – für eine vegane Variante einfach weglassen)
125 ml	+ 2 EL Milch (für eine vegane Variante: 280 g + 2 EL Pflanzenmilch)
2 EL	Backkakao

Puderzucker zur Dekoration

Zubehör: Kastenform (25 cm)

Zubereitungszeit: 20 Minuten
Backzeit: 30–40 Minuten

Backofen auf 180 °C (Umluft) vorheizen.

Haferflocken, Mandeln, Kartoffelstärke und Backpulver mit einem Schneebesen verrühren.

Kokosblütenzucker, Vanillezucker und Mandelmus (am besten mit einem Handrührgerät) schaumig schlagen.

Eier nach und nach unterrühren.

Milch und Haferflockenmischung abwechselnd löffelweise unterrühren.

Teig in zwei Hälften teilen.

Eine Hälfte in eine gefettete oder mit Backpapier ausgelegte Form füllen.

Backkakao mit 2 Esslöffel Milch verrühren und in den restlichen Teig einrühren.

Anschließend den dunklen Teig auf den hellen Teig geben und glatt streichen.

Für das typische Marmormuster des Kuchens eine Gabel spiralförmig durch den Teig ziehen.

Im unteren Drittel des Backofens 40 Minuten (klassische Variante) bzw. 30 Minuten (vegane Variante) backen. Stäbchenprobe machen.

Nach dem Backen den Kuchen auskühlen lassen und mit Puderzucker dekorieren.

NUSSKUCHEN

- 240 g Sweet-Love-Mehlmix (siehe Seite 66)
- 15 g Backpulver
- 5 g Zimt
- 150 g gemahlene Haselnüsse
- 150 g Zucker
- 2 g Salz
- 100 g weiche Butter oder Margarine + etwas mehr zum Einfetten der Backform
- 85 g Sonnenblumenöl
- 300 g Milch oder Pflanzenmilch

Puderzucker zur Dekoration

Zubehör: Kastenform (25 cm)

Zubereitungszeit: 20 Minuten
Backzeit: 40 Minuten

Tipp: Die Haselnüsse vorab kurz in einer Pfanne rösten für noch mehr Aroma.

Backofen auf 180 °C (Umluft) vorheizen.

Mehlmischung, Backpulver, Zimt und Haselnüsse mit einem Schneebesen vermengen.

Zucker, Salz, Butter bzw. Margarine und Öl mit dem Handrührgerät schaumig rühren.

Milch und Mehlmischung abwechselnd nach und nach mit dem Handrührgerät unterrühren und zu einem glatten Teig verarbeiten.

Teig in eine gefettete oder mit Backpapier ausgelegte Kastenform geben und ca. 40 Minuten backen. Stäbchenprobe machen.

Nach dem Backen den Kuchen auskühlen lassen und mit Puderzucker dekorieren.

ZITRONENKUCHEN

4	Zitronen
150 g	Zucker
1 Prise	Salz
100 g	weiche Butter oder Margarine + etwas mehr zum Einfetten der Backform
85 g	Sonnenblumenöl
200 g	Milch
360 g	Sweet-Love-Mehlmix (siehe Seite 66)
16 g	Backpulver
100 g	Puderzucker

Zubehör: Kastenform (25 cm)

Zubereitungszeit: 20 Minuten
Backzeit: 35 bis 40 Minuten

Backofen auf 180 °C (Umluft) vorheizen.

Schale von 3 Zitronen fein abreiben und Saft auspressen.

Zucker, Salz, Butter bzw. Margarine und Öl mit einem Handrührgerät schaumig rühren.

Milch, Zitronensaft und geriebene Zitronenschale unterrühren.

Mehlmix mit Backpulver vermengen.

Mehlmix-Backpulver-Mischung löffelweise zu den flüssigen Zutaten geben und gut unterrühren.

Backform fetten oder mit Backpapier auslegen und Teigmasse einfüllen.

35 – 40 Minuten im unteren Drittel des Backofens backen. Stäbchenprobe machen.

Die Schale der vierten Zitrone fein reiben, den Saft auspressen. Schalenabrieb und Saft vermengen. Für die Glasur 1-2 Esslöffel der Mischung beiseitestellen.

Den Kuchen direkt nach dem Backen mit einem Zahnstocher einstechen und Zitronensaft auf den warmen Kuchen träufeln.

Kuchen auf einem Gitter auskühlen lassen.

Für die Glasur Puderzucker mit dem restlichen Zitronensaft zu einer dickflüssigen Glasur verrühren und den Kuchen mit der Glasur übergießen.

ROTWEINKUCHEN

360 g	Sweet-Love-Mehlmix (siehe Seite 66)
15 g	Backpulver
1 EL	Backkakao
100 g	weiche Butter oder Margarine + etwas mehr zum Einfetten der Form
85 g	Sonnenblumenöl
150 g	Zucker
1 Prise	Salz
160 g	Milch oder Pflanzenmilch
140 ml	Rotwein
140 g	Schokodrops

Puderzucker zur Dekoration

Zubehör: Kastenform (25 cm)

Zubereitungszeit: 20 Minuten
Backzeit: 40 Minuten

Backofen auf 180 °C (Umluft) vorheizen.

Mehlmix mit Backpulver und Kakao vermengen.

Butter bzw. Margarine, Öl, Zucker und Salz mit dem Handrührgerät schaumig rühren.

Milch und Rotwein in einer separaten Schüssel verrühren und abwechselnd mit der Mehlmischung nach und nach mit einem Schneebesen oder Handrührgerät unter die Butter-Zucker-Mischung heben, bis ein glatter Teig entstanden ist.

Anschließend Schokodrops unterheben.

Teig in eine gefettete oder mit Backpapier ausgelegte Kastenform geben und ca. 40 Minuten backen. Stäbchenprobe machen.

Nach dem Backen den Kuchen auskühlen lassen und mit Puderzucker bestreuen.

GEDECKTER APFELKUCHEN

Das Lieblingsrezept vom Team aus dem gesamten Backbuch

500 g	Mürbeteig (siehe Seite 65)
800 g	frische Äpfel (süß-säuerliche Sorte)
600 ml	Apfelsaft
100 g	Maisstärke
140 g	Zucker
16 g	Vanillezucker (2 Päckchen)
10 g	Zimt

Zubehör: runde Springform (26 cm Ø)

Zubereitungszeit:
30 Minuten (ohne Mürbeteig)
Ruhezeit: 2 Stunden
Backzeit: 45 Minuten (+10 Minuten für den Boden)

Den Mürbeteig nach Rezept zubereiten und für 2 Stunden in den Kühlschrank stellen.

Backofen auf 180 °C (Umluft) vorheizen.

Boden und Rand der Springform einfetten.

Den Mürbeteig halbieren und jeweils kreisrund etwa 1 cm dick ausrollen.

Den Boden der Springform mit einer Teighälfte auslegen, den Rand dabei auslassen. Den Teig 10 Minuten vorbacken und anschließend wieder aus dem Backofen nehmen.

Die andere Teighälfte mehrfach mit einer Gabel einstechen, damit später beim Backen Dampf entweichen kann. Beiseitestellen.

Äpfel schälen und in kleine Würfel schneiden.

200 ml Apfelsaft, Maisstärke, Zucker, Vanillezucker und Zimt mit einem Schneebesen verrühren.

Restlichen Apfelsaft zum Kochen bringen, das Stärkegemisch unterrühren und einige Minuten unter ständigem Rühren weiterkochen, bis eine puddingartige Konsistenz entstanden ist.

Äpfel dazugeben, durchmischen und von der Kochstelle nehmen.

Füllung auf dem vorgebackenen Boden verteilen und den zweiten Mürbeteig als Deckel obenauf legen.

Den Kuchen im unteren Drittel des Backofens ca. 45 Minuten backen.

KÄSEKUCHEN

480 g	Mürbeteig (siehe Seite 65)
100 g	Butter oder Margarine + etwas mehr zum Einfetten der Backform
200 g	Zucker
80 g	Maisstärke
8 g	Vanillezucker (1 Päckchen)
2 g	Salz
1 kg	(veganer) Quark 40 % Fettgehalt
20 ml	Zitronensaft + Zitronenabrieb (1 Zitrone)

Zubehör: runde Springform (26 cm Ø)

Zubereitungszeit:
20 Minuten (ohne Mürbeteig)
Ruhezeit: 2 Stunden
Backzeit: 1 Stunde

Tipp: Als Alternative zu veganem Quark eignet sich für dieses Rezept auch gut Sojajoghurt.

Den Mürbeteig nach Rezept zubereiten und für 2 Stunden in den Kühlschrank legen.

Backofen auf 180 °C (Ober-/Unterhitze) vorheizen.

Mürbeteig ausrollen und in die gefettete Springform legen. Einen kleinen Teigrand an der Innenseite der Backform nach oben drücken.

Butter bzw. Margarine in einem kleinen Topf zerlassen und kurz abkühlen lassen.

Zucker, Maisstärke, Vanillezucker und Salz in einer Schüssel vermischen.

Quark in einer separaten Schüssel mit Zitronensaft und -abrieb vermengen.

Zuckermischung mit einem Schneebesen unterrühren. Das zerlassene Fett tröpfchenweise mit einem Schneebesen langsam unterrühren.

Die Masse auf dem Mürbeteigboden verteilen.

Im Backofen im unteren Drittel ca. 1 Stunde backen. Der Kuchen sollte in der Mitte fest sein.

NO-SUGAR-SCHOKO-TARTE

Ganz ohne Mehl und Zucker

- 150 g glutenfreie Haferflocken
- 75 g Mandeln, gemahlen
- 75 g Backkakao
- 25 g Backpulver
- 2 g Salz
- 100 g Kokosöl oder alternativ Sonnenblumenöl
- 180 g lauwarme Milch oder Pflanzenmilch
- 150 g Apfelmus (ungezuckert)
- 120 g Reissirup

Zubehör: runde Springform (20 cm Ø)

Zubereitungszeit: 20 Minuten
Backzeit: 35–40 Minuten

Tipps: Als Alternative zu glutenfreien Haferflocken können Reismehl oder gemahlene Nüsse verwendet werden.

Statt Reissirup kann auch Ahornsirup eingesetzt werden.

Die Tarte kann nach dem Backen z. B. mit Beeren dekoriert und mit Vanilleeis serviert werden.

Backofen auf 180 °C (Umluft) vorheizen.

Die Haferflocken mit einem Mixer fein vermahlen. Anschließend die restlichen trockenen Zutaten hinzufügen und vermengen.

Das Kokosöl sanft erwärmen, bis es flüssig ist. Dabei darauf achten, dass es nicht zu heiß wird.

Die erwärmte Milch, das flüssige Kokosöl, Apfelmus und Reissirup mit einem Schneebesen verrühren.

Anschließend zu den trockenen Zutaten geben.

Die Masse in eine eingefettete, mit Backpapier ausgelegte Form geben und im unteren Drittel des Backofens ca. 35 bis 40 Minuten backen. Wenn die Stäbchenprobe erfolgreich ist, ist der Kuchen fertig.

APFEL-STREUSELKUCHEN VOM BLECH

Apfel- aka »Klappt mit jedem Obst« Blechkuchen

1200 g	Hefeteig (siehe Seite 64)
8	Äpfel (süß-säuerliche Sorte)
1	Zitrone
50 g	Zucker
3 g	Zimt
600 g	Streusel (siehe Seite 67)

**Zubereitungszeit:
20 Minuten (ohne Hefeteig und Streusel)
Backzeit: 30–35 Minuten**

Tipps: Der Kuchen ist durchgebacken, sobald die Streusel eine gleichmäßige Bräunung angenommen haben.

Als Dekor kann der Kuchen mit Puderzucker bestreut werden.

Die Zuckermenge kann nach Geschmack reduziert oder erhöht werden.

Backofen auf 175 °C (Umluft) vorheizen.

Den vorbereiteten Hefeteig auf einem gefetteten und bemehlten Backblech ausrollen und mit einer Gabel gleichmäßig einstechen.

Äpfel schälen und in dünne Schnitze schneiden.

Zitrone auspressen und die Apfelschnitze mit dem Saft beträufeln.

Apfelschnitze fächerartig auf dem Teig verteilen.

Zucker und Zimt in einer Schüssel vermengen und über die Apfelschnitze streuen.

Anschließend die vorbereiteten Streusel gleichmäßig auf den Apfelschnitzen verteilen.

Auf der mittleren Schiene des Backofens 30 - 35 Minuten backen.

ZITRONENTARTE

Renas favorite aus dem ganzen Buch

Für den Boden:

- 100 g Reismehl
- 90 g Tapiokastärke
- 30 g Buchweizenmehl
- 160 g Butter oder Margarine
- 80 g Puderzucker
- 2 g Salz

Für die Füllung:

- 4 Zitronen (200 g Saft + Abrieb)
- 50 g Maisstärke
- 50 g + 350 g Milch oder Pflanzenmilch
- 200 g Zucker
- 150 g Butter oder Margarine

Dekoration nach Geschmack, z. B. Puderzucker, Zitronenzeste …

Zubehör: runde Springform (26 cm Ø)

Zubereitungszeit: 45 Minuten
Ruhezeit: 4 (je 2, siehe Rezept) Stunden
Backzeit: 10–12 Minuten

Tipps: Die Tarte am besten im Kühlschrank aufbewahren.

Die Füllung ist im angelsächsischen Raum als Lemon Curd bekannt und ein beliebter Brotaufstrich. In ein sauberes Schraubglas abgefüllt, hält sie sich mehrere Wochen lang im Kühlschrank.

Nach dem Abkühlen im Kühlschrank nach Belieben mit Zitronenzeste, Blüten oder Puderzucker dekorieren.

Für den Boden:
Den Backofen auf 200 °C (Umluft) vorheizen.

Reismehl, Tapiokastärke und Buchweizenmehl mit einem Schneebesen vermengen und durch ein feines Sieb sieben.

Butter bzw. Margarine, Puderzucker und Salz mit einem Handrührgerät schaumig rühren. Die Mehlmischung hinzugeben und mit den Händen zügig zu einem glatten Teig verarbeiten. Den Teig in Folie gewickelt für 2 Stunden im Kühlschrank ruhen lassen.

Teig kurz mit den Händen weich kneten, kreisrund ausrollen und in die Backform legen. Einen Teigrand (3–4 cm Höhe) an der Innenseite der Backform nach oben drücken.

Mit einer Gabel großflächig einstechen und im unteren Drittel des Backofens 10–12 Minuten backen, bis der Boden stabil und leicht gebräunt ist.

Für die Füllung:
Zitronen abreiben und auspressen.

Maisstärke mit 50 g Milch glatt rühren. Restliche Milch mit Zitronensaft und -abrieb sowie Zucker in einem Topf zum Kochen bringen. Stärkemischung langsam mit einem Schneebesen in die kochende Milch unterrühren. Noch einmal kurz aufkochen lassen, dann von der Kochplatte nehmen.

Butter bzw. Margarine hinzugeben und mit einem Schneebesen verrühren, bis sie sich aufgelöst hat.

Die warme Füllung auf den Boden geben, glatt streichen und mindestens 2 Stunden im Kühlschrank fest werden lassen.

ERDBEERKUCHEN

700 g Biskuit (siehe Seite 68)
250 g Mürbeteig
(optional – siehe Tipps)
500 g Erdbeeren

Für die Vanillecreme:
40 g Maisstärke
3 Eigelb oder als Ei-Ersatz
15 g Lupinenmehl
600 g Milch oder Pflanzenmilch
70 g Zucker
1 Vanilleschote

Für den Tortenguss (optional):
10 g Zucker
4 g Agar-Agar
300 g Wasser oder Fruchtsaft

Zubehör: Tortenring (24 cm ∅)

Zubereitungszeit: 30 Minuten (ohne Biskuit und Mürbeteig)
Ruhezeit: 2 Stunden

Tipps: Ein Mürbeteigboden unter dem Biskuit bringt zusätzlich Crunch in den Kuchen! Dazu 250 g Mürbeteig (siehe Rezept auf Seite 65) backen und nach dem Auskühlen mit Erdbeerkonfitüre bestreichen. Den gebackenen Biskuit darauflegen und mit der Zubereitung wie oben beschrieben fortfahren.

Falls sich in der Vanillecreme Klümpchen bilden, die Creme mit einem Teigschaber durch ein feines Sieb streichen.

Biskuit backen und vollständig auskühlen lassen.

Erdbeeren waschen, den Strunk entfernen und halbieren.

Für die Vanillecreme:
Die Maisstärke mit den Eigelben bzw. dem Lupinenmehl und 50 g Milch in einer Schüssel anrühren.

Die restliche Milch mit dem Zucker und dem ausgekratzten Mark der Vanilleschote aufkochen.

Dann die Stärkemischung mit einem Schneebesen in die kochende Milch einrühren. Die Mischung unter Rühren so lange weiterkochen, bis sie leicht andickt.

Die fertige Creme in eine saubere Schüssel füllen, mit Folie abdecken, um Hautbildung zu vermeiden, und auskühlen lassen.

Biskuitboden in den Tortenring legen. Die Vanillecreme cremig weich schlagen und gleichmäßig auf dem Biskuitboden verstreichen. Erdbeeren kreisförmig auf der Vanillecreme verteilen.

Für den Tortenguss (optional):
Zucker und Agar-Agar mit einem Schneebesen vermischen. Wasser oder Fruchtsaft mit dem Schneebesen unterrühren und in einem kleinen Topf unter Rühren eine Minute aufkochen. Eine Gelierprobe auf einen kalten Löffel nehmen. Der Tortenguss sollte nach einer Minute beginnen, fest zu werden. Ansonsten weiter einkochen.

Tortenguss mit einem Pinsel nach und nach auf die Erdbeeren auftragen. Danach 2 Stunden bei Raumtemperatur auskühlen lassen.

Wer mag, kann den Kuchenrand mit gerösteten Mandelblättchen oder geraspelten Kokosflocken dekorieren.

DONAUWELLE

Like a Pro: Mit selbst gemachter Vanillecreme und Schokoganache!

Für den Teig:

1 Glas	Sauerkirschen (600–800 g)
200 g	Butter oder Margarine
170 g	Zucker
5	Eier oder als Ei-Ersatz 60 g gemahlene Leinsamen
420 g	Sweet-Love Mehlmix (siehe Seite 66)
13 g	Backpulver (für die vegane Variante: 15 g)
2 g	Salz
150 g	Milch oder Pflanzenmilch
2 EL	Backkakao

Für die Vanillecreme:

50 g	Kartoffelstärke (für die vegane Variante: 43 g)
50 g	+ 550 g Milch oder Pflanzenmilch
30 g	Zucker
1	Vanilleschote
280 g	Butter oder Margarine

Für die Ganache:

200 g	(pflanzliche) Sahne
270 g	Zartbitterkuvertüre

Zubereitungszeit: 1 Stunde (ohne Auskühlzeiten)
Backzeit: 30 Minuten

Tipp: Donauwelle im Kühlschrank aufbewahren.

Vegan? Leinsamen für 5 Minuten in 170 Milliliter heißem Wasser aufquellen.

Backofen auf 180 °C (Umluft) vorheizen.

Kirschen in einem Sieb abtropfen lassen.

Butter bzw. Margarine und Zucker mit einem Handrührgerät schaumig schlagen. Eier oder Ei-Ersatz dazugeben und unterrühren.

Mehlmischung, Backpulver und Salz mit einem Schneebesen vermischen und durch ein feines Sieb sieben. Die Mischung nach und nach und abwechselnd mit 130 g Milch zur Zucker-Fett-Mischung geben. Die Masse in zwei Hälften teilen und eine Hälfte auf einem mit Backpapier ausgelegten Blech verteilen.

Kakao in 20 g Milch auflösen und in die verbliebene Masse einrühren. Dunkle Masse in Klecksen auf die helle Masse geben und verstreichen. Kirschen obenauf verteilen und leicht eindrücken.

Das Blech im unteren Drittel des Backofens 30 Minuten backen. Vor der weiteren Verarbeitung auskühlen lassen.

Für die Vanillecreme:
Kartoffelstärke in 50 g Milch auflösen, restliche Milch mit dem Zucker und dem ausgekratzten Mark der Vanilleschote in einem kleinen Topf aufkochen. Stärkemischung einrühren und so lange weiterkochen, bis sie leicht andickt. Die fertige Creme mit Folie abdecken und vollständig auskühlen lassen. Fett mit einem Handrührgerät schaumig schlagen und nach und nach unter die Creme rühren. Die fertige Creme auf dem Kuchen verteilen und auskühlen lassen.

Für die Ganache:
Sahne in einem kleinen Topf zum Kochen bringen, vom Herd ziehen und Kuvertüre langsam mit einem Schneebesen einrühren. Kuchen dekorieren.

BIENENSTICH

800 g	Hefeteig (siehe Seite 64)
50 g	Butter oder Margarine + etwas mehr für das Einfetten der Backform
50 g	Zucker
20 g	Honig oder Reissirup
530 g	(vegane) Sahne
80 g	Mandeln, gehobelt
8 g	Sahnesteif (1 Päckchen)
8 g	Vanillezucker (1 Päckchen)

Zubehör: runde Springform (26 cm ∅)

Zubereitungszeit:
30 Minuten (ohne Hefeteig)
Ruhezeit: 4 Stunden
Backzeit: 45–50 Minuten

Tipp: Noch leckerer schmeckt der Bienenstich mit Vanillecreme (siehe Seite 96).

Deckel in Stücke schneiden, bevor er auf die Sahne aufgesetzt wird. So können später ganz einfach saubere Kuchenstücke geschnitten werden.

Hefeteig nach Rezept zubereiten, kreisrund ausrollen und in die gefettete Backform legen.

Für das Mandeltopping Butter bzw. Margarine, Zucker, Honig bzw. Reissirup und 30 g Sahne in einem Topf kurz aufkochen lassen. Mandeln unterheben.

Die Masse direkt auf dem Hefeteig gleichmäßig verteilen.

Den Teig abgedeckt 2 Stunden an einem warmen Ort ruhen lassen, bis sich das Volumen verdoppelt hat.

Den Backofen auf 170 °C (Umluft) vorheizen.

Den Teig 45-50 Minuten backen.

Nach dem Backen auskühlen lassen und der Länge nach in der Mitte durchschneiden, sodass ein Boden und ein Deckel entstehen.

500 g Sahne mit Sahnesteif und Vanillezucker steif schlagen und auf dem Boden verteilen.

Deckel aufsetzen und den fertigen Bienenstich für 2 Stunden kalt stellen.

RUSSISCHER ZUPFKUCHEN

Schokokuchen meets Käsekuchen – OMG!!!

600 g	Mürbeteig + 2 EL Backkakao (siehe Seite 65, mit 2 EL Backkakao verknetet)
250 g	Butter (vegane Variante: 100 g Margarine) + etwas mehr zum Einfetten der Backform
600 g	Quark 40 % Fett i. Tr. + 15 g Vanillezucker (vegane Variante: 600 g Sojajoghurt mit Vanillegeschmack)
100 g	Zucker
50 g	Stärke

Zubehör: runde Springform (26 cm Ø)

Zubereitungszeit: 10 Minuten
Ruhezeit: 2 Stunden
Backzeit: 45–55 Minuten

Tipps: Im Kühlschrank aufbewahren.

Achtung: Die traditionelle und die vegane Zubereitungsweise lassen sich nicht vermischen. Der Kuchen gelingt nur, solange Butter + Quark, bzw. Margarine + Sojajoghurt in der angegebenen Menge kombiniert werden.

Den Schoko-Mürbeteig nach Rezept zubereiten und für 2 Stunden in den Kühlschrank legen.

Backofen auf 160 °C (Umluft) vorheizen.

Fett in einem kleinen Topf schmelzen.

Quark und Vanillezucker oder Joghurt mit Zucker und Stärke mit einem Schneebesen ordentlich verrühren.

Flüssiges Fett unter Rühren hinzufügen.

Mürbeteig aufteilen: zwei Drittel für den Boden und ein Drittel für die Flecken des Kuchens.

Den Boden ausrollen und in die gefettete oder mit Backpapier ausgelegte Backform legen. Den Rand mit den Händen hochziehen.

Die Quarkmasse in die Form gießen.

Den restlichen Mürbteig mit den Fingern zerrupfen und als Flecken auf der Masse verteilen.

Im unteren Drittel des Backofens für 45–55 Minuten backen.

Vor dem Servieren auskühlen lassen, am besten im Kühlschrank.

SCHOKO-BIRNEN-KUCHEN

300 g frische Birnen
Saft von ½ Zitrone
2 g Salz
3 g Zimt
110 g Zucker
90 g Butter oder Margarine + etwas mehr für das Einfetten der Backform
1 Vanilleschote
100 g Zartbitterkuvertüre
20 g Milch oder Pflanzenmilch
10 g Sonnenblumenöl
2 Eier oder als Ei-Ersatz 20 g Leinsamenmehl in 60 g heißem Wasser 5 Minuten quellen lassen + 80 g Apfelmus, ungesüßt
40 g Reismehl
30 g Kartoffelstärke
2 g Flohsamenschalen, gemahlen
10 g Backkakao
4 g Backpulver
45 g gemahlene Mandeln
100 g (vegane) Sahne
50 g Aprikosenkonfitüre

Zubehör: runde Springform (26 cm Ø)

Zubereitungszeit: 30 Minuten
Ruhezeit: 2 Stunden
Backzeit: 30–35 Minuten

Birnen schälen und in Schnitze schneiden. Mit Zitronensaft beträufeln, mit 1 Prise Salz, Zimt und 50 g Zucker bestreuen. Die Birnen in der Marinade im Kühlschrank 2 Stunden ziehen lassen.

Den Backofen auf 175 °C (Umluft) vorheizen.

Butter bzw. Margarine, restlichen Zucker und das ausgekratzte Mark der Vanilleschote mit einem Handrührgerät schaumig rühren.

Kuvertüre in einer Schüssel im Wasserbad schmelzen. Mit Milch, Öl und 1 Prise Salz zur Fett-Zucker-Mischung geben und nochmals schaumig rühren. Dann Eier bzw. Ei-Ersatz nach und nach in die Fettmasse geben und glatt rühren.

Reismehl, Kartoffelstärke, Flohsamenschalen, Kakaopulver und Backpulver mischen und durch ein feines Sieb sieben. Die Mandeln hinzugeben und nochmals durchmischen.

Die Mehlmischung mit dem Handrührgerät vorsichtig unter die Fettmischung arbeiten, bis eine glatte Masse entstanden ist.

Die Masse in eine gefettete Backform geben und glatt streichen. Die marinierten Birnen kreisförmig auf dem Kuchen verteilen.

Den Kuchen auf der mittleren Schiene des Backofens 30–35 Minuten backen.

Danach direkt mit flüssiger Sahne begießen.

Aprikosenkonfitüre kurz im Topf aufkochen. Mit einem Pinsel eine dünne Schicht der Konfitüre auf den Kuchen auftragen.

KINDERGEBURTSTAG

- 375 g Sweet-Love-Mehlmix (siehe Seite 66)
- 75 g Kartoffelstärke
- 10 g Backpulver
- 200 g Zucker
- 130 g Butter oder Margarine
- 2 g Salz
- 3 Eier bzw. 30 g Lupinenmehl für die vegane Variante
- 375 g (veganer) Naturjoghurt
- 180 g Schokodrops

Dekoration nach Geschmack

Toppings nach Geschmack, z. B. Schokolinsen, Zuckerstreusel, Nüsse, Kokosraspel

Zubereitungszeit: 20 Minuten
Backzeit: 30 Minuten

Deko-Ideen: Aus 200 g gesiebtem Puderzucker, ein paar Tropfen Zitronensaft und beliebiger Lebensmittelfarbe einen dickflüssigen, farbigen Guss herstellen. Den Kuchen damit bestreichen und mit Toppings dekorieren, z. B. Schokolinsen, Zuckerstreuseln, Nüssen, Kokosraspeln.

Puderzucker mit ein paar Tropfen Zitronensaft zu einem Guss verrühren. Den Kuchen damit bestreichen und mit Gummibärchen dekorieren.

Schokokuvertüre verstreichen und mit Schokolinsen oder Kokosraspeln dekorieren, z. B. bunt verteilt als Konfetti oder als Zahl, Herz, Regenbogen usw. angeordnet.

Backofen auf 170 °C (Umluft) vorheizen.

Bei der veganen Variante das Lupinenmehl mit 140 g kaltem Wasser in einer separaten Schüssel verrühren und kurz quellen lassen.

Mehlmix, Kartoffelstärke und Backpulver mit einem Schneebesen gründlich miteinander vermischen.

Zucker, Butter bzw. Margarine und Salz mit einem Handrührgerät schaumig rühren. Die Eier bzw. die Lupinenmischung nach und nach dazugeben.

Anschließend den Joghurt unterrühren.

Nun die vorher vermengte trockene Mischung hinzugeben und alles verrühren.

Zum Schluss die Schokodrops unterheben.

Die Masse gleichmäßig auf einem mit Backpapier ausgelegten Blech verteilen und glatt streichen.

Im unteren Drittel des Backofens 30 Minuten backen. Stäbchenprobe machen.

SWEET LITTLE THINGS

ZIMTSCHNECKEN & CO.

Cinnamon roll love forever <3

Für 10 Schnecken

Grundrezept:

1 kg	Hefeteig (siehe Seite 64)
	Reismehl zum Ausrollen
2–3 EL	Milch oder Pflanzenmilch

Zubereitungszeit:
ca. 15 Minuten (ohne Hefeteig)
Ruhezeit: 1 Stunde
Backzeit: 20–25 Minuten

Tipps: Beim Aufwickeln das Ende unter die Schnecke legen, damit sie beim Gehen schön rund bleibt.

Für extra Glanz die Schnecken nach dem Backen mit Reissirup bestreichen.

Hefeteig nach Rezept zubereiten. Mit einem feuchten Tuch bedecken und mindestens 30 Minuten an einem warmen Ort gehen lassen.

Arbeitsplatte mit Reismehl bemehlen und Hefeteig zu einem Rechteck ausrollen.

Wunschfüllung (siehe rechts) gleichmäßig bis zum Rand aufstreichen.

Rechteck von der langen Seite eng aufrollen.

Mit einem scharfen Messer oder einem dünnen Faden die Rolle in etwa 3 cm breite Stücke schneiden und die so entstandenen Schnecken mit etwas Abstand auf einem mit Backpapier ausgelegten Backblech verteilen.

Die Schnecken mit einem feuchten Tuch abdecken und etwa 1 Stunde an einem warmen Ort ruhen lassen, bis sich das Volumen der Teiglinge etwas erhöht hat.

Backofen auf 175 °C (Umluft) vorheizen.

Die Schnecken mit etwas Milch bestreichen.

Schnecken im unteren Drittel des Backofens 20–25 Minuten backen, bis sie goldbraun sind.

Direkt nach dem Backen erneut mit etwas Milch bestreichen.

FÜLLUNG FÜR ZIMTSCHNECKEN:

Teig bis zum Rand gleichmäßig mit 100 g sehr weicher Butter bzw. Margarine bestreichen.

100 g Zucker und 10 g Zimt vermengen und gleichmäßig über den Teig streuen.

FÜLLUNG FÜR NUSSSCHNECKEN:

70 g Butter bzw. Margarine in einem kleinen Topf schmelzen.

250 g gemahlene und 70 g gehackte Haselnüsse, 135 g Zucker und 6 g Zimt in einer Schüssel miteinander vermengen.

100 g Milch oder Pflanzenmilch (fetthaltig) hinzugeben und unter die Nussmischung rühren.

FÜLLUNG FÜR MOHNSCHNECKEN:

275 g gemahlener Mohn, 130 g Zucker und 1 Esslöffel Zitronensaft in einer Schüssel vermischen.

180 g Milch oder Pflanzenmilch in einem Topf zum Kochen bringen und über die Mohn-Zucker-Mischung gießen.

Kurz verrühren und abgedeckt ein paar Minuten quellen lassen.

SCHOKOFÜLLUNG:

240 g Kuvertüre und 120 g Butter oder Margarine in einem kleinen Topf langsam schmelzen lassen.

30 g Backkakao, 60 g Puderzucker und 30 g Kartoffelstärke in einer Schüssel miteinander vermischen. Die geschmolzene Kuvertüre unterheben und miteinander mischen, bis eine einheitliche Masse entsteht.

FÜLLUNG FÜR APFEL-ZIMT-SCHNECKEN:

250 g frische süß-säuerliche Äpfel schälen, entkernen und in kleine Würfel schneiden.

30 g Maisstärke und 50 g Apfelsaft mit einem Schneebesen verrühren.

250 g Apfelsaft mit 60 g Zucker in einem kleinen Topf zum Kochen bringen. Danach Stärkemischung langsam mit einem Schneebesen einrühren.

Unter ständigem Rühren weiterkochen, bis eine puddingartige Konsistenz entstanden ist.

Die klein geschnittenen Äpfel zu der Apfel-Stärke-Mischung geben und unterrühren.

Die fertige Füllung mit Folie abdecken und vor dem Aufstreichen auf den Teig vollständig auskühlen lassen.

FÜLLUNG FÜR PUDDINGSCHNECKEN:

30 g Maisstärke und 50 g Milch oder Pflanzenmilch mit einem Schneebesen verrühren.

Das ausgekratzte Mark von 2 Vanilleschoten und 30 g Zucker mit 250 g Milch oder Pflanzenmilch in einem kleinen Topf aufkochen.

Stärkemischung langsam mit einem Schneebesen in die Vanillemilch einrühren.

Ausgekratzte Vanilleschote dazugeben und unter Rühren weiterkochen, bis eine puddingartige Konsistenz entstanden ist.

Vanilleschote entfernen. Füllung mit Folie abdecken und vor dem Aufstreichen vollständig auskühlen lassen.

ROSINEN- & SCHOKOBRÖTCHEN

Team Schoko oder Team Rosine?

Für 10 Brötchen

- 250 g Rosinen oder 200 g Schokodrops
- 300 g Milch oder Pflanzenmilch + 2–3 EL zum Bestreichen
- 1 kg Hefeteig (siehe Seite 64)

Zubereitungszeit:
20 Minuten (ohne Hefeteig)
Ruhezeit: 1 Stunde
Backzeit: 20–25 Minuten

Tipps: Für die Müsli-Brötchen-Füllung jeweils 100 g glutenfreie Haferflocken, Haselnüsse und Rosinen unter den Hefeteig mischen.

Für das Team-ich-mag-keine-Rosinen-Füllung jeweils 100 g glutenfreie Haferflocken, Cashewkerne und Cranberrys unter den Hefeteig mischen.

Wenn das Rezept mit Rosinen zubereitet wird: Die Rosinen 1 Stunde bei Raumtemperatur in der Milch einweichen lassen. Bei Zubereitung mit Schokodrops entfällt dieser Schritt.

Hefeteig nach Rezept zubereiten. Danach die Rosinen bzw. die Schokodrops jeweils mit der Milch dazugeben und unterkneten. Hinweis: Bei der Zubereitung mit Rosinen ist das die Milch, die vorher schon zum Einweichen gebraucht wurde.

Teig in 10 Teiglinge teilen, diese zu kleinen Kugeln formen und mit etwas Abstand auf einem mit Backpapier ausgelegten Backblech verteilen.

Teiglinge mit einem feuchten Tuch abdecken und etwa 1 Stunde an einem warmen Ort ruhen lassen, bis sich ihr Volumen etwas erhöht hat.

Backofen auf 175 °C (Umluft) vorheizen.

Teiglinge mit Milch bestreichen und auf dem Backblech im unteren Drittel des Backofens 20–25 Minuten backen.

Brötchen nach dem Backen erneut mit etwas Milch bestreichen.

HEFEZOPF

Für 1 Zopf

750 g	Hefeteig (siehe Seite 64)
2–3 EL	Milch oder Mandelmilch
1 Ei	(optional)
2 EL	Hagelzucker oder gehobelte Mandeln für die Dekoration

Zubereitungszeit:
20 Minuten (ohne Hefeteig)
Ruhezeit: 2 Stunden
Backzeit: 40–45 Minuten

Tipps: Eine dünne Puderzucker-Glasur gibt noch mal Glanz und schützt den Hefezopf vor dem Austrocknen. Dafür etwas Puderzucker mit ein paar Tropfen Wasser mischen und den fertigen und abgekühlten Hefezopf damit dünn einstreichen. Hagelzucker oder Mandeln anschließend darüberstreuen, so halten sie besser.

Für eine Rosinen- oder Cranberryfüllung 150 g Früchte etwa 3 Stunden in etwas Apfelsaft oder Wasser einweichen und unter den vorbereiteten Hefeteig kneten.

Luftdicht verpackt, kann der Hefezopf auch eingefroren werden. Dann am besten bei Raumtemperatur langsam auftauen lassen und kurz vor dem Verzehr einzelne Scheiben toasten.

Hefeteig nach Rezept zubereiten, mit einem feuchten Tuch bedecken und mindestens 30 Minuten an einem warmen Ort gehen lassen.

Teig in 3 gleich große Teile teilen, zu Kugeln kneten, dann mit den flachen Händen zu etwa 35 cm langen gleichmäßigen Strängen rollen.

Die Stränge zu einem Zopf flechten und auf ein Backpapier setzen.

Mit einem feuchten Tuch abdecken und etwa 1 Stunde an einem warmen Ort ruhen lassen, bis sich das Volumen verdoppelt hat. Das dauert 1–2 Stunden.

Den Backofen mit einem Backblech auf mittlerer Schiene auf 220 °C (Ober-/Unterhitze) vorheizen.

Den Hefezopf mit Milch oder mit einer Milch-Ei-Mischung bestreichen.

Die Temperatur des Backofens auf 180 °C absenken. Das Backpapier mit dem Hefezopf auf das heiße Backblech ziehen und im unteren Drittel des Backofens 40–45 Minuten backen.

Hefezopf direkt nach dem Backen erneut mit etwas Milch bestreichen. Nach Wunsch mit Hagelzucker oder gerösteten Mandelblättchen dekorieren.

SCHOKO-COOKIES

Für 10–12 Cookies

150 g Zucker
8 g Vanillezucker (1 Päckchen)
2 g Salz
80 g kalte Butter oder Margarine
60 g Milch oder Pflanzenmilch
125 g Reismehl
50 g Reisvollkornmehl
25 g Tapiokastärke
10 g Maisstärke
20 g Backkakao
6 g Backpulver
160 g Schokodrops (optional)

Zubereitungszeit: 20 Minuten
Ruhezeit: 1 Stunde
Backzeit: 10–12 Minuten

Tipps: Die Cookies funktionieren auch als Blondies! Dafür den Backkakao einfach weglassen und, sofern gewünscht, um leckere Zugaben ergänzen.

Für Peanut-Butter-Cookies 80 g Erdnussmus, 100 g gesalzene Erdnüsse und 1–2 Esslöffel Reismehl unter den Teig heben.

Nüsse dazu? Klaro! 80 g Cashewkerne und 150 g Cranberrys unter den Teig heben.

Zucker, Vanillezucker und Salz sowie Butter bzw. Margarine in kleinen Würfeln mit den Knethaken des Handrührgeräts verrühren.

Milch dazugeben und mit der Zucker-Butter-Masse verrühren.

Mehle, Tapioka- und Maisstärke, Kakao und Backpulver mit dem Schneebesen gründlich vermischen und zur Zucker-Butter-Masse geben.

Die Mischung mit dem Handrührgerät zu einem Teig verarbeiten.

Wenn gewünscht, Schokodrops unterheben.

Teig in Folie wickeln und mindestens 1 Stunde im Kühlschrank ruhen lassen.

Backofen auf 180 °C (Umluft) vorheizen.

Aus dem Teig kleine Kugeln à 50 g formen und diese leicht flach drücken.

Kugeln mit Abstand auf ein mit Backpapier belegtes Blech verteilen.

Im unteren Drittel des Backofens 10–12 Minuten backen. Die Cookies sollten noch weich, aber stabil sein, wenn sie fertig sind.

HAFER-COOKIES

Chocolate Chips?! nomnomnom

Für 10–12 Cookies
75–100 g Rohrohrzucker (je nach gewünschter Süße)
5 g Vanillezucker
2 g Salz
130 g kalte Butter oder Margarine
200 g glutenfreies Hafermehl (alternativ: glutenfreie Haferflocken, gemahlen)
3 g Natron
100 g Schokodrops

Zubereitungszeit: 20 Minuten
Ruhezeit: 1 Stunde
Backzeit: 10–12 Minuten

Tipps für leckere Beigaben:
75 g getrocknete Sauerkirschen + Cashewkerne nach Belieben

60 g getrocknete Apfelstückchen + 40 g Rosinen + 3 g Zimt

60 g Haferflocken + 70 g Rosinen + 3 g Zimt

Zucker, Vanillezucker, Salz und Butter bzw. Margarine mit den Knethaken eines Handrührgeräts schaumig rühren.

Hafermehl und Natron vermengen, zur Zucker-Butter-Mischung geben und zügig unterkneten.

Anschließend Schokodrops unterheben.

Teig in Folie wickeln und mindestens 1 Stunde im Kühlschrank ruhen lassen.

Backofen auf 180 °C (Umluft) vorheizen.

Mithilfe eines Eisportionierers oder kleinen Löffels Teigportionen von jeweils ca. 50 g formen und mit Abstand auf ein mit Backpapier ausgelegtes Backblech legen und mit der Handinnenfläche leicht flach drücken.

Anschließend im unteren Drittel des Backofens 10–12 Minuten backen.

SCHOKO-MUFFINS

Für 12 Muffins

- 170 g Reisvollkornmehl
- 60 g Buchweizenmehl
- 20 g Backkakao
- 8 g Backpulver
- 90 g Zucker
- 2 g Salz
- 150 g Milch oder Pflanzenmilch
- 120 g Apfelmark
- 80 g Sonnenblumenöl
- 150 g Schokodrops

Zubehör: 12er-Muffinblech mit Papier- oder Silikonförmchen

Zubereitungszeit: 20 Minuten
Backzeit: 20–25 Minuten

Tipps: Die Muffins sind in einem geschlossenen Behälter an einem kühlen Ort oder im Kühlschrank bis zu 5 Tage haltbar.

Vor dem Servieren auf Zimmertemperatur bringen oder kurz erhitzen – so schmecken sie am besten!

Backofen auf 180 °C (Umluft) vorheizen und die Mulden des Muffinblechs mit Papierförmchen füllen.

Reisvollkornmehl, Buchweizenmehl, Backkakao und Backpulver mit einem Schneebesen gründlich vermengen und durch ein feines Sieb sieben.

Zucker und Salz dazugeben, alles mit einem Schneebesen vermischen.

In einer separaten Schüssel Milch, Apfelmark und Sonnenblumenöl mit einem Schneebesen verquirlen und unter die Mehlmischung rühren. Dabei nur so lange rühren, bis sich alle Zutaten verbunden haben und keine Mehlnester mehr zu sehen sind.

Zuletzt die Schokodrops unter den Teig heben.

Den Teig in die Muffinförmchen verteilen.

Im unteren Drittel des Backofens 20–25 Minuten backen. Stäbchenprobe machen.

HIMBEER-QUARK-MUFFINS

Für 12 Muffins

- 60 g Himbeermarmelade
- 160 g (veganer) Quark
- 200 g Reisvollkornmehl
- 60 g Buchweizenmehl
- 8 g Backpulver
- 80 g Rohrohrzucker oder Kokosblütenzucker
- 2 g Salz
- 120 g Milch oder Pflanzenmilch
- 120 g Apfelmark, ungesüßt
- 80 g Sonnenblumenöl
- 1 TL Vanilleextrakt
- 2 EL Zitronensaft
- 150 g frische Himbeeren + 12 Beeren zum Dekorieren

Zubehör: 12er-Muffinblech mit Papier- oder Silikonförmchen

Zubereitungszeit: 20 Minuten
Backzeit: 20–25 Minuten

Tipps: Die Muffins sind in einem geschlossenen Behälter an einem kühlen Ort oder im Kühlschrank 5 Tage haltbar.

Falls gefrorene Beeren verwendet werden, diese in etwas Maisstärke wälzen, um Flüssigkeit zu binden. Anschließend entsprechend Rezept in den Teig einarbeiten.

Das Rezept funktioniert auch mit unserem Sweet-Love-Mehlmix anstelle von Reisvollkornmehl und Buchweizenmehl. Dazu den Mehlmix (siehe Seite 66) einfach mit dem Backpulver vermengen.

Backofen auf 180 °C (Umluft) vorheizen und Mulden des Muffinblechs mit Papier- oder Silikonförmchen auskleiden.

Himbeermarmelade in den Quark einrühren.

Reisvollkornmehl, Buchweizenmehl und Backpulver mit einem Schneebesen vermengen und durch ein feines Sieb sieben.

Zucker und Salz dazugeben und alles mit einem Schneebesen vermischen.

In einer separaten Schüssel Milch, Apfelmark, Sonnenblumenöl, Vanilleextrakt und Zitronensaft mit einem Schneebesen verquirlen und mit der Mehlmischung verrühren. Nur so lange rühren, bis sich alle Zutaten verbunden haben und keine Mehlnester mehr zu sehen sind.

Vorsichtig die Himbeeren unter den Teig heben.

Etwa 2 Esslöffel Teig in jedes Muffin-Förmchen füllen und jeweils 1 Esslöffel Quarkmasse daraufsetzen.

Den restlichen Teig darübergeben. Zum Schluss je 1 Himbeere auf den Teig setzen und leicht eindrücken.

Die Muffins im unteren Drittel des Backofens 20–25 Minuten backen. Zum Schluss die Stäbchenprobe machen.

BLAUBEER-MUFFINS

Für 12 Muffins

200 g	Reisvollkornmehl
60 g	Buchweizenmehl
8 g	Backpulver
80 g	Rohrohrzucker oder Kokosblütenzucker
8 g	Vanillezucker
2 g	Salz
120 g	Pflanzenmilch
120 g	Apfelmark, ungesüßt
80 g	Sonnenblumenöl
2 EL	Zitronensaft
200 g	frische Blaubeeren (alternativ gefrorene Blaubeeren)

Zubehör: 12er-Muffinblech mit Papier- oder Silikonförmchen

Zubereitungszeit: 20 Minuten
Backzeit: 20–25 Minuten

Tipps: Die Muffins sind in einem geschlossenen Behälter an einem kühlen Ort oder im Kühlschrank 5 Tage haltbar. Vor dem Servieren auf Zimmertemperatur bringen oder einige Sekunden in der Mikrowelle erhitzen – so schmecken sie am besten.

Das Rezept funktioniert auch mit unserem Sweet-Love-Mehlmix anstelle von Reisvollkornmehl und Buchweizenmehl. Den Mehlmix (siehe Seite 66) dazu mit dem Backpulver vermengen.

Backofen auf 180 °C (Umluft) vorheizen und die Mulden des Muffinblechs mit Papier- oder Silikonförmchen auskleiden.

Reisvollkornmehl, Buchweizenmehl und Backpulver mit einem Schneebesen vermengen und durch ein feines Sieb sieben.

Zucker, Vanillezucker und Salz dazugeben und alles mit einem Schneebesen vermischen.

In einer separaten Schüssel Milch, Apfelmark, Sonnenblumenöl und Zitronensaft mit einem Schneebesen verquirlen und mit der Mehlmischung verrühren. Nur so lange rühren, bis sich alle Zutaten verbunden haben und keine Mehlnester mehr zu sehen sind.

Blaubeeren vorsichtig unterheben. Falls gefrorene Beeren verwendet werden, diese vor dem Unterheben in etwas Maisstärke wälzen, um die Flüssigkeit, die durch das Auftauen entsteht, zu binden.

Masse auf die Muffinförmchen verteilen.

Muffins im unteren Drittel des Backofens 20–25 Minuten backen. Stäbchenprobe machen.

Wer mag, kann jetzt noch Streusel über die Muffins verteilen. Das Rezept dazu steht auf Seite 67.

RÜBLI-MUFFINS

Entwickelt als Oster-Special, aber eigentlich gehen sie einfach immer und das ganze Jahr!

Für 12 Muffins

150 g	Reisvollkornmehl
50 g	Buchweizenmehl
8 g	Backpulver
100 g	gemahlene Haselnüsse (oder Mandeln)
1 TL	Zimt
100 g	Kokosblütenzucker
2 g	Salz
80 ml	Milch oder Pflanzenmilch
100 g	Apfelmark, ungesüßt
100 ml	Sonnenblumenöl
1 TL	Vanilleextrakt
1 EL	Apfelessig
300 g	geraspelte Karotten

Für das Frosting:

200 g	(veganer) Frischkäse
1–2 EL	Puderzucker
Saft von ½ Zitrone	
2 EL	geraspelte Karotte

Zubehör: 12er-Muffinblech mit Papier- oder Silikonförmchen

Zubereitungszeit: 20 Minuten
Backzeit: 25–35 Minuten

Tipp: Die Muffins sind in einem geschlossenen Behälter an einem kühlen Ort oder im Kühlschrank 5 Tage haltbar.

Backofen auf 180 °C (Umluft) vorheizen. Die Mulden des Muffinblechs mit Papierförmchen auskleiden.

Reisvollkornmehl, Buchweizenmehl und Backpulver mit einem Schneebesen vermengen und durch ein feines Sieb sieben. Nüsse und Zimt unterrühren.

In einer separaten Schüssel Kokosblütenzucker, Salz, Milch, Apfelmark, Sonnenblumenöl, Vanilleextrakt und Apfelessig mit einem Schneebesen verquirlen und mit der Mehlmischung verrühren. Dabei nur so lange rühren, bis sich alle Zutaten verbunden haben und keine Mehlnester mehr zu sehen sind.

Die geraspelten Karotten vorsichtig unter den Teig heben.

Den Teig in die Muffinförmchen verteilen.

Muffins im unteren Drittel des Backofens 25–35 Minuten backen. Stäbchenprobe machen.

Für das Frosting Frischkäse, gesiebten Puderzucker und Zitronensaft glatt rühren. Die ausgekühlten Muffins mit dem Frosting bestreichen und mit Karottenraspel dekorieren.

ZITRONEN-MOHN-CUPCAKES

Für 12 Cupcakes

200 g Reisvollkornmehl
60 g Braunhirsemehl
8 g Backpulver
80 g Zucker
2 g Salz
120 g Milch oder Pflanzenmilch
120 g Apfelmark
70 g Sonnenblumenöl
Saft von 1 Zitrone
15 g Mohn + 1 EL zur Dekoration

Für das Frosting:

115 g weiche Butter oder Margarine
90 g (veganer) Frischkäse
120 g Puderzucker

Zubehör: 12er-Muffinblech mit Papier- oder Silikonförmchen

Zubereitungszeit: 20 Minuten
Backzeit: 20–25 Minuten

Tipps: Die Cupcakes schmecken auch ohne Frosting als Muffin mit ein bisschen Puderzucker superlecker.

Die Cupcakes sind ohne Frosting in einem luftdichten Behälter im Kühlschrank bis zu 5 Tage haltbar.

Backofen auf 180 °C (Umluft) vorheizen und die Mulden des Muffinblechs mit Papier- oder Silikonförmchen auskleiden.

Reisvollkornmehl, Braunhirsemehl und Backpulver mit einem Schneebesen gründlich vermengen und durch ein feines Sieb sieben.

In einer separaten Schüssel Zucker, Salz, Milch, Apfelmark, Sonnenblumenöl und Zitronensaft mit einem Schneebesen verquirlen und mit der Mehlmischung verrühren. Nur so lange rühren, bis sich alle Zutaten verbunden haben und keine Mehlnester mehr zu sehen sind.

Zuletzt den Mohn unterrühren.

Den Teig in die Muffinförmchen verteilen.

Cupcakes im unteren Drittel des Backofens 20–25 Minuten backen. Stäbchenprobe machen.

Für das Frosting Butter bzw. Margarine mit einem Handmixer schaumig schlagen. Frischkäse vorsichtig unterrühren. Zum Schluss Puderzucker sieben und untermixen. Abgekühlte Cupcakes mit Frosting und etwas Mohn dekorieren.

WAFFELN

Für 7–8 Waffeln

220 g	Buchweizenmehl
120 g	Zucker
20 g	Kartoffelstärke
8 g	Vanillezucker
5 g	Backpulver
2 g	Zimt
2 g	Salz
300 g	Milch oder Pflanzenmilch
3 EL	Sonnenblumenöl + etwas zum Einfetten des Waffeleisens
2 TL	Apfelessig

Saft von ½ Zitrone

Zubehör: Waffeleisen

Zubereitungszeit: 15 Minuten

Tipps: Lust auf Schoko-Waffeln? Einfach 15 g Backkakao zu den trockenen Zutaten hinzufügen.

Trockene Zutaten mit einem Schneebesen miteinander vermengen und durch ein feines Sieb sieben.

Anschließend Milch, Öl und Apfelessig dazugeben und alle Zutaten mit einem Schneebesen glatt rühren.

Teig 2–3 Minuten ruhen lassen.

Ein Waffeleisen gründlich mit einem Pinsel ölen und die Waffeln nacheinander backen, bis sie goldbraun sind.

Nach Geschmack belegen oder dekorieren.

FLORENTINER

Für 15–20 Kekse

60 g (vegane) Sahne
1 EL Ahornsirup
75 g Rohrohrzucker
5 g Vanillezucker
30 g Butter oder Margarine
40 g getrocknete Cranberrys
100 g gehobelte Mandeln
100 g Zartbitterkuvertüre (optional)

Zubehör: Muffinförmchen aus Papier oder Silikon

Zubereitungszeit: 30 Minuten
Backzeit: 10–12 Minuten

Tipps: Die Florentiner für dieses Rezept unbedingt in Muffinförmchen backen. Wir haben ausführlich getestet, was passiert, wenn man es ohne versucht. Für Unverbesserliche: Florentiner-Bruch schmeckt auch sehr gut. :-)

Falls die Masse beim Verteilen am Löffel kleben bleibt, den Löffel zwischendurch mit Wasser befeuchten.

Statt Cranberrys können auch andere Trockenfrüchte verwendet werden.

Statt gehobelten Mandeln können auch Mandelstifte verwendet werden.

Die Florentiner bleiben luftdicht verpackt in einer Dose mehrere Tage frisch.

Backofen auf 200 °C (Umluft) vorheizen.

Leere Muffin-Papier- oder Silikonförmchen auf einem Blech verteilen.

Sahne, Ahornsirup, Rohrohrzucker, Vanillezucker und Butter bzw. Margarine in einem Topf schmelzen, aufkochen und 1–2 Minuten bei mittlerer Hitze köcheln lassen.

In der Zwischenzeit die Cranberrys klein hacken.

Die sämig gekochte Zucker-Sahne vom Herd nehmen und die Cranberrys zusammen mit den Mandeln unterrühren.

Mithilfe von zwei Teelöffeln walnussgroße Häufchen in die Förmchen geben und flach drücken.

Florentiner im unteren Drittel des Backofens 10–12 Minuten backen, bis der gewünschte Bräunungsgrad erreicht ist.

Aus dem Backofen nehmen und das Backpapier mit den Florentinern auf einen kühlen Untergrund ziehen, z. B. auf ein kaltes Blech oder die Arbeitsplatte.

Die Florentiner vollständig abkühlen lassen und anschließend unbedingt die Papierförmchen entfernen.

Wenn gewünscht, die Kuvertüre im heißen Wasserbad langsam schmelzen und die Unterseite der abgekühlten Florentiner damit einpinseln oder eintauchen. Umgedreht trocknen lassen.

CANTUCCINI

Für 15–20 Stück

125 g	Sweet-Love-Mehlmix (siehe Seite 66)
125 g	gemahlene Mandeln
130 g	Zucker
15 g	Kartoffelstärke (für die vegane Variante)
8 g	Backpulver
25 g	weiche Butter oder Margarine
2 Eier	oder als Ei-Ersatz 30 g Leinsamenmehl in 80 g heißem Wasser 5 Minuten quellen lassen
65 g	ganze Mandeln

Zubereitungszeit: 30 Minuten
Backzeit: 25 bzw. 35 Minuten + 15 Minuten

Tipps: Je länger die gebackene Rolle auskühlt, desto einfacher lässt sie sich in Scheiben schneiden.

Cantuccini trocken und luftdicht lagern.

Backofen auf 180 °C (Umluft) vorheizen.

Mehlmix, Mandeln, Zucker, für die vegane Variante Kartoffelstärke und Backpulver mit einem Schneebesen verrühren.

Butter bzw. Margarine und Eier bzw. Ei-Ersatz unterrühren.

Mandeln mit einem scharfen Messer grob hacken und unterkneten.

Anschließend aus dem Teig 2 etwa gleich lange Teigrollen formen.

Auf einem mit Backpapier ausgelegten Backblech 25 Minuten, die vegane Variante 35 Minuten backen, Backblech aus dem Ofen nehmen und Teigrollen 20 Minuten auskühlen lassen.

Die Temperatur des Backofens dann auf 160 °C reduzieren.

Die Teigrollen anschließend in ca. 3 Zentimeter breite Scheiben schneiden.

Scheiben mit der Schnittfläche nach oben auf einem Blech verteilen und im unteren Drittel des Backofens 15 Minuten backen.

X-MAS BAKERY

VANILLEKIPFERL

Für 25–30 Kipferl

85 g	Reismehl
35 g	Tapiokastärke
45 g	gemahlene Mandeln
1	Vanilleschote
85 g	weiche Butter oder Margarine
190 g	Puderzucker
1 g	Salz
1	Eigelb oder 15 g veganer Quark
15 g	Vanillezucker

Zubereitungszeit: 30 Minuten
Ruhezeit: 2 Stunden
Backzeit: 12–15 Minuten

Reismehl und Tapiokastärke in einer Schüssel mit einem Schneebesen gut miteinander vermischen und durch ein feines Sieb sieben. Die gemahlenen Mandeln dazugeben und erneut durchrühren.

Das Mark der Vanilleschote auskratzen und in einer separaten Schüssel mit Butter bzw. Margarine, 40 g Puderzucker und Salz in einer Küchenmaschine schaumig rühren.

Eigelb bzw. veganen Quark zur Fettmasse geben und das Ganze glatt und schaumig schlagen.

Die Mehlmischung zur Fettmasse geben und kurz mit den Händen zu einem glatten Teig verarbeiten, anschließend in Folie wickeln und 2 Stunden im Kühlschrank kalt stellen.

Den Backofen auf 180 °C (Umluft) vorheizen.

Den Teig aus dem Kühlschrank holen und mit den Händen rasch weich kneten.

Anschließend zu Rollen mit einem Durchmesser von 4–5 cm formen. Diese mit einem Messer in etwa 1–2 cm dicke Scheiben schneiden.

Daraus die Kipferl formen und diese nicht zu eng zueinander auf ein mit Backpapier belegtes Blech legen.

Im unteren Drittel des Backofens 12–15 Minuten backen. Die Kipferl sind fertig, wenn sie zu bräunen beginnen.

Während des Backens den restlichen Puderzucker sieben und mit Vanillezucker in einer Schüssel vermengen.

Die noch warmen Vanillekipferl vorsichtig in der Zuckermischung wälzen.

ZIMTSTERNE

Für 20 Sterne

160 g	gemahlene Mandeln
40 g	gemahlene Haselnüsse
5 g	Zimt
2 g	Salz

Puderzucker zum Ausrollen

Für traditionellen Eischnee:

40 g	Eiweiß (3–4 Eier)
130 g	Puderzucker

Außerdem für die vegane Variante:

120 g	Puderzucker
2 EL	Zitronensaft
4 EL	Mandelmilch
2 EL	Aprikosenmarmelade

Für veganen Eischnee:

40 g	Aquafaba
80 g	Puderzucker
1 g	Zitronensaft

Zubehör: Stern-Ausstecher (oder spezieller Zimtstern-Ausstecher)

Zubereitungszeit: 30 Minuten
Ruhezeit (nur bei vegan): 1 Stunde
Backzeit: 15 Minuten bzw. 30 Minuten

Tipps: Übrig gebliebene Teigreste können nochmals zu einem Ballen geformt und wieder ausgerollt werden, anschließend mit frischem Eischnee bestreichen.

Die Zimtsterne dürfen nach dem Backen noch leicht weich sein, sie härten beim Abkühlen nach.

Mandeln, Haselnüsse, Zimt und Salz in einer Schüssel mit einem Schneebesen vermischen.

Für die traditionelle Variante:
Eiweiß und gesiebten Puderzucker zu einem stabilen Eischnee aufschlagen. Zwei Drittel des Eischnees zu der Mandel-Nuss-Masse geben und mit den Händen zu einem Teig kneten.

Für die vegane Variante:
Puderzucker, Zitronensaft, Mandelmilch und Aprikosenmarmelade zu der Mandel-Nuss-Masse geben und mit den Händen zu einer festen Masse kneten. Für 1 Stunde in den Kühlschrank stellen.

Backofen auf 150 °C (Umluft) für die traditionelle Variante bzw. 140 °C (Umluft) für die vegane Variante vorheizen.

Für den veganen Eischnee Aquafaba und Zitronensaft mit einer Küchenmaschine schaumig rühren, gesiebten Puderzucker nach und nach dazugeben. Die Masse mehrere Minuten lang aufschlagen, bis sie eine streichfähige Konsistenz hat.

Etwas Puderzucker auf die Arbeitsfläche sieben und den Teig etwa 1 cm dick ausrollen.

Den restlichen Eischnee bzw. Eischnee-Ersatz auf dem Teig verteilen und glatt streichen.

Sterne ausstechen und auf ein mit Backpapier ausgelegtes Backblech legen.

Im unteren Drittel des Backofens 12–15 (traditionell) bzw. 25–30 (vegan) Minuten backen.

KOKOSMAKRONEN

Für 30 Kokosmakronen

60 g Eiweiß (ca. 1 Ei) oder Aquafaba
80 g Puderzucker
140 g Kokosraspel

Zartbitter-Kuvertüre (optional)

Zubehör: Spritzbeutel mit großer Lochtülle oder 2 Teelöffel

Zubereitungszeit: 20 Minuten
Ruhezeit: 30 Minuten
Backzeit: 12–15 Minuten

Tipps: Für einen intensiveren Geschmack können die Kokosraspel vorab im Backofen bei 180 °C geröstet werden, bis sie ganz leicht Farbe erhalten haben.

Nach dem Auskühlen können die Kokosmakronen noch mit Kuvertüre verziert werden. Entweder nur den Boden oder bis zur Hälfte in die Kuvertüre tauchen oder mithilfe eines Löffels Streifenmuster auftragen.

Eiweiß bzw. Aquafaba mit einem Handmixer steif aufschlagen. Beim Einsatz von Eiweiß kann der gesiebte Puderzucker direkt hinzugegeben und mit aufgeschlagen werden, bei Aquafaba sollte der Puderzucker erst nach dem Aufschlagen nach und nach untergemixt werden.

Die Kokosraspel vorsichtig unterheben.

Die Masse für 10 Minuten bei Raumtemperatur quellen lassen.

Mithilfe von zwei Teelöffeln oder einem Spritzbeutel kleine Häufchen auf ein Blech mit Backpapier setzen.

Die Kokosmakronen anschließend für 30 Minuten bei Raumtemperatur absteifen lassen.

Den Backofen auf 170 °C (Ober-/Unterhitze) vorheizen.

Die Kokosmakronen im unteren Drittel 12–15 Minuten backen. Sie sind fertig, wenn die äußeren Spitzen leicht zu bräunen beginnen.

SPITZBUBEN

Für 15 Spitzbuben

- 45 g Reismehl + etwas mehr zum Ausrollen
- 20 g Tapiokastärke
- 45 g zimmerwarme Butter oder Margarine
- 40 g Puderzucker
- 2 g Salz
- 20 g Eigelb oder als Ei-Ersatz 3 g Lupinenmehl + 10 g Aprikosenmarmelade
- 50 g Fruchtkonfitüre nach Geschmack, z. B. Beeren oder Aprikose

Zubehör: Spitzbuben-Ausstecher oder einen großen und einen kleinen Ausstecher nach Wunsch

Zubereitungszeit: 40 Minuten
Ruhezeit: 2 Stunden
Backzeit: 10–12 Minuten

Tipps: Die Konfitüre kann beliebig ausgetauscht werden, z. B. auch durch einen Schokoladenaufstrich, Nougat, Marmelade, Gelee usw.

Den Teig am besten am Vortag herstellen. So lässt er sich noch besser verarbeiten.

Immer nur so viel Teig aus dem Kühlschrank nehmen, wie direkt verarbeitet werden kann, damit der Rest gut gekühlt bleibt.

Falls kein kleiner Ausstecher vorhanden ist, einfach das Glasröhrchen einer Vanilleschote oder einen Strohhalm verwenden.

Reismehl und Tapiokastärke mit einem Schneebesen vermischen und durch ein feines Sieb sieben.

In einer separaten Schüssel Butter bzw. Margarine mit 20 g Puderzucker und Salz mit einem Handmixer schaumig schlagen. Ei bzw. Ei-Ersatz in die Fettmischung geben und unterrühren.

Die Mehlmischung zur Fettmischung geben und kurz mit den Händen zu einem glatten Teig kneten.

Den Teig in Folie gewickelt 2 Stunden in den Kühlschrank stellen.

Backofen auf 160 °C (Umluft) vorheizen.

Den noch kalten Teig rasch mit den Händen weich kneten.

Die Arbeitsfläche mit Reismehl bestäuben und den Teig etwa 2–3 mm dick ausrollen. Mit dem großen Ausstecher 30 Plätzchen ausstechen und auf ein Blech mit Backpapier legen. Bei der Hälfte der Plätzchen mit dem kleineren Ausstecher Löcher aus der Mitte ausstechen.

Die Plätzchen im unteren Drittel des Backofens 10–12 Minuten backen, bis sie goldbraun sind.

Auskühlen lassen, dann die Konfitüre gleichmäßig auf alle Unterteile verteilen. Die Oberteile mit Löchern auflegen, leicht andrücken und mit dem restlichen Puderzucker bestäuben.

SPEKULATIUS

Für 15–20 Kekse

- 30 g Puderzucker
- 120 g Butter oder Margarine
- 10 g Zuckerrübensirup
- 1 g Salz
- 110 g Reismehl + etwas mehr zum Ausrollen
- 10 g Braunhirsemehl
- 10 g Buchweizenmehl
- 30 g Kartoffelstärke
- 20 g Tapiokastärke
- 3 g Spekulatiusgewürz

Zubehör optional: Spekulatiusrolle

Zubereitungszeit: 15 Minuten
Ruhezeit: 2 Stunden
Backzeit: 8 Minuten

Tipp: Mit einer sogenannten Spekulatiusrolle oder -walze können ganz einfach Motive auf die Kekse übertragen werden.

Puderzucker, Butter bzw. Margarine, Zuckerrübensirup und Salz in einer Schüssel mit dem Handmixer schaumig rühren.

Die Mehle, Kartoffel- und Tapiokastärke sowie Spekulatiusgewürz in einer separaten Schüssel mit einem Schneebesen gut miteinander vermischen und durch ein feines Sieb sieben.

Anschließend zur Fett-Zucker-Mischung geben und kurz mit den Händen zu einem Teig verarbeiten.

Den Teig mit Folie abgedeckt für 2 Stunden in den Kühlschrank geben.

Backofen auf 200 °C (Umluft) vorheizen.

Den kühlen Teig rasch mit den Händen weich kneten.

Die Arbeitsfläche mit etwas Reismehl bestäuben und den Teig zu einem Rechteck von etwa 30 × 20 cm ausrollen.

Falls vorhanden, mit einer Spekulatiusrolle leicht darüberrollen, um Muster einzuprägen.

Das Rechteck anschließend in 16 Stücke teilen und die Kekse auf ein mit Backpapier ausgelegtes Blech verteilen.

Die Kekse im unteren Drittel des Backofens etwa 8 Minuten backen.

SPRITZGEBÄCK

Für 20–30 Kekse

10 g Aprikosenkonfitüre
15 g Puderzucker
45 g zimmerwarme Butter oder Margarine
5 g Sonnenblumenöl
2 g Vanillezucker
15 g Milch oder Pflanzenmilch
60 g Reismehl
5 g Lupinenmehl
20 g Kartoffelstärke
15 g Tapiokastärke

Zubehör: Spritzbeutel mit Sterntülle

Zubereitungszeit: 20 Minuten
Backzeit: 13–15 Minuten

Tipps: Beliebte Formen für Spritzgebäck sind Streifen, Kringel, Kreise oder die S-Form.

Nach dem Auskühlen können die Kekse noch mit Kuvertüre verziert und zusätzlich mit Pistazien oder Nüssen bestreut werden.

Konfitüre, Puderzucker, Butter bzw. Margarine, Sonnenblumenöl und Vanillezucker mit einem Handrührgerät schaumig rühren.

Die Milch esslöffelweise unterrühren.

Mehle sowie Kartoffel- und Tapiokastärke in einer separaten Schüssel mit einem Schneebesen gut miteinander vermischen und durch ein feines Sieb sieben.

Zur Fettmasse geben und kurz in der Küchenmaschine zu einem glatten Teig verarbeiten.

Den Backofen auf 180 °C (Umluft) vorheizen.

Die Teigmasse in einen Spritzbeutel mit Tülle füllen und in der gewünschten Form auf ein mit Backpapier ausgelegtes Backblech spritzen.

Das Gebäck im Backofen auf mittlerer Schiene 13–15 Minuten backen, so lange, bis es leicht gebräunt ist.

STOLLEN

Für 1 Stollen

Vorteig:

5 g frische Hefe
100 g Reismehl

Füllung:

40 g Mandeln, gestiftelt
120 g Rosinen
180 g Apfelsaft
30 g Zitronat (optional), alternativ: Zitronenabrieb
30 g Orangeat (optional), alternativ: Orangenabrieb

Trockene Zutaten:

10 g Buchweizenmehl
35 g Kartoffelstärke
15 g Tapiokastärke
10 g Guarkernmehl
6 g Flohsamenschalen, gemahlen
5 g Lupinenmehl
3 g Stollengewürz

35 g Rohrohrzucker
3 g Salz
60 g Milch oder Pflanzenmilch + 2 EL zum Bestreichen
180 g Butter oder Margarine
100 g Kristallzucker
20 g Puderzucker

Zubereitungszeit: 1,5 Stunden
Ruhezeit: 3 + 2,5–3,5 Stunden
Backzeit: 50 Minuten

Vorteig zubereiten:
Für den Vorteig die Hefe in 110 ml lauwarmem Wasser auflösen. Das Reismehl hinzugeben und mit den Händen zu einem glatten Teig verarbeiten.

Den Vorteig mit einem Tuch abgedeckt mindestens 3 Stunden an einem warmen Ort gehen lassen.

Füllung vorbereiten:
Mandeln kurz in einer Pfanne rösten, bis sie leicht Farbe angenommen haben.

Anschließend Mandeln und Rosinen in einer Schüssel vermengen und mit Apfelsaft übergießen. Mindestens 3 Stunden ziehen lassen.

Wenn Zitronat und Orangeat statt Abrieb verwendet werden, für ein feineres Mundgefühl beides etwas feiner hacken. Beides beiseitestellen.

Stollen zubereiten:
Mehle, Stärken, Flohsamenschalen und Stollengewürz mit einem Schneebesen verrühren und durch ein feines Sieb sieben.

Den Vorteig sowie Rohrohrzucker, Salz und Milch dazugeben und alles mit den Händen oder mit dem Knethaken einer Küchenmaschine zu einem glatten und festen Teig verarbeiten.

Auf der nächsten Seite geht es weiter

Tipps:

Stollen formen wie die Profis: Ein dünnes Rollholz (z. B. den Stiel eines Kochlöffels) der Länge nach auf ein Drittel Höhe in den Teig drücken. Nun das kleinere über das größere Teil falten und andrücken. Gegebenenfalls mit den Händen ein wenig zurechtformen, sodass die typische Stollenform entsteht.

Stollen formen easy: Die Rolle mit einem Messer in der Mitte einschneiden.

Je dichter und stabiler die Zucker-Fett-Kruste ist, desto länger ist die Frischhaltung und Haltbarkeit des Stollens. Die Zucker-Fett-Kruste verhindert das Austrocknen des Stollens und schützt ihn vor Schimmel.

Zuletzt 80 g Butter bzw. Margarine unter den Teig kneten, bis wieder ein glatter, jedoch weicher Teig entstanden ist.

Mandel-Rosinen-Mischung abgießen und zusammen mit Zitronat und Orangeat in den Teig mischen, bis alles gut vermengt ist.

Den Teig mit einem feuchten Tuch abdecken und 30 Minuten an einem warmen Ort ruhen lassen.

Anschließend zu einem runden Ballen formen, dann länglich rollen und in die gewünschte Form bringen (siehe Tipps).

Den Stollen auf ein mit Backpapier ausgelegtes Backblech legen und mit einem Tuch abdecken. 2–3 Stunden an einem warmen Ort gehen lassen, bis sich das Volumen sichtbar erhöht hat.

Backofen auf 180 °C (Umluft) vorheizen.

Den Stollen mit Milch bestreichen und 45–50 Minuten backen. Der Stollen ist fertig, wenn er einen stabilen Stand und eine gleichmäßige Bräunung aufweist.

Nach dem Backen:
Außen liegende Rosinen, die beim Backen zu dunkel geworden sind, entfernen.

100 g Butter bzw. Margarine in einem kleinen Topf schmelzen.

Den noch warmen Stollen vorsichtig im flüssigen Fett und anschließend in Kristallzucker wenden.

Diesen Vorgang wiederholen, sodass eine dicke Zucker-Fett-Kruste entsteht.

Zum Schluss den Stollen noch mit feinem Puderzucker bestäuben.

Danksagung

DANKE, DANKE, DANKE an unser großartiges Team! Dieses Buch ist eine echte Gemeinschaftsleistung. Danke für eure Zeit, eure kreativen Ideen, unzählige Backversuche und Testessen mit vielen, vielen Korrekturschleifen – all das ein Jahr lang neben eurem eigentlichen Tagesgeschäft. Besonders hervorheben möchten wir Konditorin Teresa und Bäcker Falk, die viele der Rezepte aus diesem Buch mitentwickelt haben. Außerdem unserem herausragenden Designer Maxi, der mit seiner Kreativität und seinen Ideen unsere Vision realisiert hat, das allerschönste glutenfreie Backbuch zu schreiben.

Und das war nur möglich, weil das gesamte restliche Team ihnen den Rücken im täglichen Betrieb freigehalten hat.

An dieser Stelle möchten wir die Gelegenheit nutzen, um allen zu danken, die seit dem ersten, teilweise sogar bis zum heutigen Tag, als Teil unseres Teams dazu beigetragen haben, unser Unternehmen aufzubauen und echt jetzt zu dem zu machen, wofür wir heute stehen.

Ein großes DANKE an Adrian S., Adrian Z., Aleka, Alex, Andreas, Anna, Annika, Annkathrin, Armin, Benedict, Bernhard, Birte, Camilla, Caro, Christina, Davide, Denys, Elena, Eva, Falk, Franzi, Franziska, Fritz, Fritzi, Hanif, Helena, Henri, Josefa, Jule, Julia, Juliana, Larissa, Laura, Leo, Leslie, Lisa, Maggy, Maksim, Maria, Marie, Martin, Maxi, Mia M., Mia W., Michael, Miriam, Nele, Norbert, Robert, Rufus, Sabrina, Sara, Sarah, Sascha, Saskia, Simon, Sophia, Sophie, Steve, Susanne, Teo, Teresa, Toni, Vero, Veronika und Viktor.

Ohne euch wäre all das nicht möglich gewesen.

Ganz viel Dank für so viel Vertrauen geht an unsere treuen Kundinnen und Kunden. Wir lesen jede Nachricht und jede Geschichte, die ihr uns schickt. Danke für jedes Wort und jedes liebevolle Feedback, das uns von Anfang an täglich erreicht und getragen hat. Wir versuchen, eure uns entgegengebrachte Liebe Tag für Tag in neue Produkte und Rezepte zu stecken und auf diese Weise zu euch zurückzuschicken. For a better gluten free world. <3

Danke an alle, die uns von Anfang an supporten. Egal, was gerade nötig ist. Eine Umarmung, eine helfende Hand oder Feierabend-Drinks ... sich mit uns freuen oder auch ärgern. Eine Kühlzelle mit uns nachts aufbauen oder im Team spontan aushelfen. Unsere Marke echt jetzt in die Welt tragen und mit ehrlichem Feedback unsere Produkte verbessern. Unternehmerische Ratschläge oder wertvolle Kontakte teilen.

Unser größter Herzensdank geht an die Menschen (Partner und Familien, Freunde und Freundinnen), die uns persönlich seit vielen Jahren begleiten, ein offenes Ohr haben und für jede noch so verrückte Idee bedingungslos feiern. DANKE, dass ihr immer an uns glaubt und für uns da seid. Zu wissen, dass ihr alles stehen und liegen lassen würdet, wenn wir euch brauchen, in jedem Moment, zu jeder Tages- und Nachtzeit, gibt uns jeden Tag neuen Mut, Kraft und Energie. We love you.

Rena Wiese arbeitete nach dem Wirtschaftsinformatik-Studium jahrelang als Beraterin und Managerin im E-Commerce, ehe sie echt jetzt mitgründete. Als Flexitarierin und zertifizierter Systemischer Coach legt sie großen Wert auf eine ausgewogene und achtsame Ernährung und Lebensweise. Geboren und aufgewachsen in Gerlingen bei Stuttgart, lebt sie mit ihrem Mann und Hund in München.

Katharina Böttger arbeitete nach ihrem Studium der Kommunikationswissenschaft und Arts & Media Management als Geschäftsführerin einer Automobilgruppe, bis sie sich entschied, den Traum eines eigenen Cafés in München zu verwirklichen. Ihrer kreativen Kraft folgend, gründete sie mehrere Unternehmen im Bereich Ernährung und Gesundheit, immer mit dem Fokus auf organic healthy food & wellbeing.

Register

Impressum

Hinweis: Die Ratschläge/Informationen in diesem Buch sind von Autor*innen und Verlag sorgfältig erwogen und geprüft, dennoch kann eine Garantie nicht übernommen werden. Eine Haftung der Autor*innen beziehungsweise des Verlags und seiner Beauftragten für Personen-, Sach- und Vermögensschäden ist ausgeschlossen.

Gender-Hinweis: Aus Gründen der besseren Lesbarkeit wird in diesem Werk an manchen Stellen auf die gleichzeitige Verwendung der Sprachformen männlich, weiblich und divers (m/w/d) verzichtet. Sämtliche Personenbezeichnungen und personenbezogenen Hauptwörter gelten gleichermaßen für alle Geschlechter. Die verkürzte Sprachform beinhaltet keine Wertung, sondern hat lediglich redaktionelle Gründe.

Projektleitung: Vanessa Silbermann
Textredaktion und Korrektorat: Susanne Schneider

Bildnachweis © echt jetzt by Maximilian Mayer: Seiten 5, 7, 10, 15, 17, 22, 28, 39, 40, 43, 47, 73, 77, 86, 89, 90, 94, 113, 114, 129, 134, 137, 153, 155, 157 sowie Motive auf U1
© Volker Debus: restliches Bildmaterial

Umschlaggestaltung, Innenlayout & Satz: OH,JA! (www.oh-ja.com)
Herstellung: Franziska Polenz

Reproduktion: Mohn Media Mohndruck GmbH, Gütersloh
Druck und Bindung: Firmengruppe APPL, aprinta druck, Wemding
Printed in Germany

MIX
Papier | Fördert gute Waldnutzung
FSC® C004592

Penguin Random House Verlagsgruppe FSC ® 001967
ISBN 978-3-517-10325-9

www.suedwest-verlag.de